Folgen wir dem Stern

24 Geschichten, Lieder
und Gedanken im Advent

Folgen wir dem Stern

24 Geschichten, Lieder
und Gedanken im Advent

benno

Bibliografische Information der Deutschen Nationalbibliothek
Die Deutsche Nationalbibliothek verzeichnet diese Publikation
in der Deutschen Nationalbibliografie; detaillierte bibliografische
Daten sind im Internet über http://dnb.d-nb.de abrufbar.

Besuchen Sie uns im Internet:
www.st-benno.de

Gern informieren wir Sie unverbindlich und aktuell auch in
unserem Newsletter zum Verlagsprogramm, zu Neuerscheinungen
und Aktionen. Einfach anmelden unter www.st-benno.de.

ISBN 978-3-7462-4127-2

© St. Benno Verlag GmbH, Leipzig
Zusammengestellt von Volker Bauch, Leipzig
Umschlaggestaltung: Ulrike Vetter, Leipzig
Gesamtherstellung: Kontext, Lemsel (A)

Inhaltsverzeichnis

1	Hans Orths: Die Wochen des Advents	6
2	Gustav Heinemann: Die alte Frau und der Lagerkommandant	11
3	Karl Heinrich Waggerl: Die stillste Zeit im Jahr	14
4	Kathrin Schrocke: Ein ganz besonderer Adventskalender	17
5	Peter Biqué: Die Fahrt über die Donau	24
6	Lisa Wenger: Der Esel des St. Nikolaus	28
7	Doris Thomas: Bis zuletzt	35
8	Henry David Thoreau: Winterliche Besucher	39
9	Luise Rinser: Engelmessen	44
10	Friedrich Haarhaus: Es ist für uns eine Zeit angekommen	48
11	Max Bolliger: Das Hirtenlied	58
12	Gustav Freytag: Wenn die Lichter brannten	62
13	Brüder Grimm: Der goldene Schlüssel	65
14	Friedrich Haarhaus: Seht, die gute Zeit ist nah	67
15	Dietrich Mendt: Von der Erfindung der Weihnachtsfreude	73
16	Manfred Kyber: Der kleine Tannenbaum	77
17	Ursel Scheffler: Weihnachtsbrief an Oma	84
18	Ludwig Thoma: Christkindl-Ahnung im Advent	91
19	Autor unbekannt: Der riesengroße Schneemann	94
20	Legende aus Russland: Schuster Konrad erwartet den lieben Gott	100
21	Ursel Scheffler: Der Ritt nach Betlehem	104
22	Karl Heinrich Waggerl: Der Wunschzettel	110
23	Friedrich Haarhaus: Morgen, Kinder, wird's was geben	114
24	Wilhelm Raabe: Ein Glockenschlag	123

1. Dezember

Die Wochen des Advents

Ich denke an die Zeit während der Kriegs- und Nachkriegsjahre gerne zurück. Trotz großer Not und Angst und Verzweiflung, die es in jenen Tagen in fast allen Familien gab. Als Kinder haben wir diese schreckliche Zeit aus einem anderen Blickwinkel erlebt, eben aus dem eines Kindes, der manches in ein milderes Licht rückte.

So hatten die Wochen des Advent etwas Geheimnisvolles, Spannendes, es waren vom »Warten-auf-das-Christkind« erfüllte Tage. So stellten wir zum Beispiel für den Adventskranz aus Talgresten selbst Kerzen her, es war ja damals alles viel einfacher, karger und ärmer.

Das Warten auf das Kommen des Erlösers, die Vorbereitung auf die Geburt Christi, war für uns Kinder, wenn wir ehrlich sind, eher auch das Warten auf das Kommen des Christkindes, das uns in sehr bescheidenem Rahmen die Geschenke unter den Tannenbaum stellte. Die Wochen des Advent waren eigentlich eine mehr oder weniger geschäftige Zeit, obwohl sie eine Zeit der Stille und Besinnung und Einkehr auch damals war.

Fast jeden Tag sangen wir zum frühen Abend Advents- und Vorweihnachtslieder, im Grunde genommen waren wir Kinder in diesen Tagen ein wenig leiser und braver als sonst im Jahr. So haben wir uns bemüht, jeden Tag eine gute Tat zu tun und unsere Schulaufgaben besonders eifrig zu machen.

Vor allem jedoch bastelten wir einige Geschenke für unsere Eltern und Geschwister und auch für unseren Großvater, »Opa I« genannt, der mit in unserem Haushalt lebte. Es waren sicherlich bescheidene Dinge, die wir anfertigten, wir waren jedoch immer mit viel Engagement und Herzblut dabei. So habe ich einmal aus einem Aststücken eine Krippe gebaut, die ein schräges Schilfdach hatte.

Die Figuren der Hl. Familie, Ochs, Esel, zwei Hirten, einen Hund und vier Schafe, sägte ich mit der Laubsäge aus und bemalte sie nach Vorlagen in verschiedenen Farben. Als Überraschung holte ich das Ganze erst nach der Bescherung ins Wohnzimmer, meine Eltern hatten Tränen in den Augen, als sie das kleine »Kunstwerk« sahen. Zwei Jahre später sägte ich ein Kreuz aus Sperrholz, beizte es dunkel und sägte die Worte »IM KREUZ IST HEIL« mühsam Buchstaben für Buchstaben aus und klebte sie auf Quer- und Längsbalken. Bis zu ihrem Tode hat meine Mutter dieses Kreuz in ihrem Wohnzimmer hängen gehabt.

Stichwort Bescherung: Der Heilige Abend hatte damals in manchen Familien nicht die tragende Bedeutung wie heute. Das Aufstellen der Weihnachtsteller am Abend war das herausragende Ereignis. Denn die Bescherung gab es erst nach der Frühmette und dem Frühstück am Weihnachtsmorgen. Ich wurde mit neun Jahren Ministrant und freute mich jedes Mal, wenn ich in der Frühmette zum Dienen aufgestellt war.

Krippenaufbau und Baumverzierung lagen ganz in den Händen unserer Mutter bzw. unseres Vaters, denn er war bereits Ende 1945 aus der Gefangenschaft heimgekehrt. Wir wurden dann am Weihnachtsmorgen, in jedem Jahr anders gestaltet, mit einer Krippe, die von einer Landschaft aus Sand, Steinen, Moos, Rinde, Bäumchen aus Tannengrün und einem kleinen See umrahmt war, und dem schön geschmückten Christbaum überrascht.

Jahre später, als ich heiratete, selbst Vater wurde und heute Großvater bin, der Lebensstandard sich nach und nach verbesserte, die Geschenke an Weihnachten demnach immer vielfältiger und teurer wurden, blicke ich fast mit ein wenig Wehmut auf jene Jahre zurück, als wir Kinder waren. Ich will nicht sagen, dass es damals schöner war als für die Kinder heute, ich denke nur, jene Zeit mit ihrer einfacheren und beinahe spartanischen Lebensweise hatte auch ihr Gutes.

Apropos Gutes: Jeden Tag etwas Gutes tun, das haben wir uns damals nicht nur in der Adventszeit vorgenommen, sondern als Mitglieder der Jungschargruppen hier in St. Joseph hatten wir eine Devise, die für alle Jungschärler in Deutschland einheitlich war:

»Der Jungschärler dient Christus als dem höchsten Herrn. Ehrt seine Eltern und Priester. Lügt nicht. Ist sauber an Leib und Seele. Liebt Gottes schöne Welt. Hält echte Kameradschaft. Ist froh und hilfsbereit. Wirbt für Christi Reich!« –

Ich denke, dieser Text ist aktuell geblieben, er könnte nicht nur für Kinder und Jugendliche gelten. Er hat etwas zu tun mit der Vorbereitung auf das Kommen des Erlösers, mit der Vorbereitung auf die Geburt Christi. Denn wenn wir hiernach leben, bereiten wir den Weg des Herrn, kommen IHM ein Stück näher auf dem Weg zur Krippe.

So wünsche ich allen Lesern eine gesegnete Adventszeit!

Hans Orths

2. Dezember

Die alte Frau und der Lagerkommandant

Eine alte lettische Frau nahm sich 1945 deutscher Soldaten an, die in sowjetische Kriegsgefangenschaft geraten waren. Sooft sie konnte, ließ sie ihnen ein Stück Brot zukommen. Dabei wurde sie eines Tages erwischt. Sie wurde vor den sowjetischen Lagerchef zitiert. Der fuhr sie schroff an: »Hast du nicht gelesen, dass es strengstens verboten ist, den Kriegsgefangenen Lebensmittel zu geben?« Die alte Frau nickte gelassen, ehe sie antwortete: »Herr Lagerkommandant, ich habe nicht irgendwelche Lebensmittel gegeben, ich habe Brot gereicht.«

Das sei ja schließlich einerlei, fauchte der Mächtige zurück. »Sag, hast du gewusst, dass es verboten ist, ja oder nein?«

Die alte lettische Frau überlegte einen Moment, ehe sie antwortete, dabei dem Lagerchef direkt in die Augen blickend: »Ich habe gelesen, dass angeschrieben steht, es sei verboten. Aber man darf nicht verbieten, unglücklichen Menschen zu helfen.«

Der Russe, jetzt gefährlich leise, fragte zurück: »Heißt das, dass du ihnen auch weiterhin Brot geben wirst?«

Die alte Frau sah ihm erneut in die Augen: »Genosse Direktor, hören Sie mir bitte mal gut zu. Als die Deutschen die Herren waren, brachten sie russische Kriegsgefangene hierher zur Arbeit. Die litten große Not und ich habe ihnen Brot gegeben. Dann brachten sie Juden hierher, die hatten auch großen Hunger, und ich habe ihnen Brot gegeben. Jetzt sind die Deutschen die Unglücklichen und leiden Hunger, und ich gebe ihnen Brot. Und wenn Sie, Genosse Direktor, eines Tages das Unglück haben sollten, Gefangener zu

werden und Hunger zu leiden, dann werde ich auch Ihnen Brot reichen.«
Die alte Frau ließ den Lagerchef stehen, drehte sich um und ging. Der Russe unternahm nichts gegen sie …

Gustav Heinemann

3. Dezember

Die stillste Zeit im Jahr

Für mich begann in der Bubenzeit der Advent damit, dass mich die Mutter eines Morgens weit früher als sonst aus dem Bett holte. Der Mesner läutete immer schon die Viertelglocke, wenn ich endlich halb im Traum zur Kirche stolperte. Nirgends ein Licht in der bitterkalten Finsternis, und oft musste ich mich mit Händen und Füßen durch den tiefen Schnee wühlen, es war ja noch kein Mensch vor mir unterwegs gewesen. In der Sakristei kniete der Mesner vor dem Ofen und blies in die Glut, damit wenigstens das Weihwasser im Kessel auftaute. Aber mir blieb ja keine Zeit, die Finger zu wärmen, der Pfarrer wartete schon, dass ich in meine Albe schlöffe und ihm mit der Schelle voranging. Bitterkalt war es auch in der Kirche. Die Kerzenflammen am Altar standen reglos wie gefroren, und nur wenn sich die Türe öffnete und Wind und Schnee hereinfuhren, zuckten die Lichter erschreckt zusammen. Die Kirchleute drückten das Tor eilig wieder zu, sie rumpelten schwerfällig in die Bänke, und dann klebten sie ihre Adventskerze vor sich auf das Pult und falteten die Hände um das wärmende Licht. Indessen schleppte ich das Messbuch hin und her und läutete zur passenden Zeit, und wenn ich einmal länger zu knien hatte, schlief ich wohl auch wieder ein. Dann räusperte sich der Pfarrer vernehmlich, um mich aufzuwecken. Ihn allein focht kein Ungemach an. »Rorate coeli«, betete er laut und inbrünstig, »Tauet Himmel, den Gerechten.« Und dann war doch wieder alles herzbewegend schön und feierlich, der dämmrige Glanz im Kirchenschiff, der weiße Atemdampf vor den Mündern der Leute, wenn sie dem Pfarrer antworteten, und er selber unbeirrbar in der Würde des Guten Hirten. Nachher standen wir zu dritt hinter dem Ofen in der Sakristei. Der Mesner schüttelte die eiserne Pfanne und hob den Deckel ab und speiste uns alle mit gebratenen Kastanien. Ich hüpfe von einem Fuß auf den andern, und auch der Pfarrer rollte die heißen Kugeln eine Weile im Mund hin und her. Es war vielleicht keine Sünde, wenn ich nebenbei flink vorausrechnete, wie lange es wohl noch dauerte, bis er mir zur Weihnacht meinen Lohn in die Hand drücken würde, einen ganzen Gulden.

Karl Heinrich Waggerl

4. Dezember

Ein ganz besonderer Adventskalender

Einmal wollte unser Bruder Jojo in der Adventszeit auswandern. Und das kam so: In diesem Schuljahr hatte Jojo eine neue Lehrerin bekommen. Sie hieß Frau Hump, und in ihren Haaren klebten winzige selbst getöpferte Perlen. Frau Hump trug Strickpullis und handgenähte Hosen, sogar ihre Schultertasche hatte sie selbst gefilzt. Frau Hump unterrichtete Jojo und seine Klasse in Handarbeiten.
Im Oktober fing Jojo mit dem Sammeln von Klopapierrollen an. Kaum hockten wir auf der Kloschüssel, klopfte es auch schon an der Tür.
»Wirf die Klopapierrolle ja nicht weg!«, schrie Jojo so laut, dass alle Nachbarn es hörten. »Du musst

die für mich aufheben, für ein ganz besonderes Bastelprojekt!«

Meine Schwester und ich ärgerten uns über das Geschrei. Wir wollten nicht, dass alle in der Straße unsere Klogänge mitbekamen. Aber irgendwann lachten wir über Jojos Sammelwut. Wir nannten ihn Klorollen-Fritzi und klauten Klopapierrollen aus dem riesigen Umzugskarton in seinem Zimmer. Jojo malte Striche auf den Karton. 24 Klopapierollen musste er sammeln.

Im November schleppte Jojo seinen Umzugskarton dann in die Schule, denn Frau Hump fing mit ihrem ganz besonderen Bastelprojekt an. Die Schüler sollten einen Adventskalender für die Eltern machen. Sie verzierten die Klopapierrollen mit rotem, blauem und gelbem Papier. Dann klebten sie die Rollen auf eine dicke Pappe und verschlossen die Öffnungen mit Alufolie.

Am 1. Dezember stand Jojos Kalender auf dem Küchentisch, und er hockte mit stolzem Gesicht daneben.

»Toll, du hast eine Startbahn für Raketen gemacht!«, lobte Papa, als er kam, um sich einen Kaffee zu kochen.

Jojo zog einen Flunsch. »Das sind keine Raketen, das ist ein verzaubertes Märchenschloss!«, erklärte er. »Die Rollen sind die Türmchen. Das sieht man doch! Du und Mama, ihr dürft jeden Morgen ein Türmchen öffnen.«

Mama schlurfte im Morgenmantel in die Küche. »Ach, wie süß!«, rief sie aus. »Lauter bunte Wichtel aus Klopapierrollen! Jojo, hast du die etwa gemacht?«

»Das sind keine Wichtel, das ist ein verzaubertes Märchenschloss!«, sagte Papa. »Das sieht man doch!«

Dann machten er und Mama die Alufolie von der ersten Rolle. Darin steckte ein beschriebenes Kärtchen. Und auf dem Kärtchen stand in Frau Humps Schrift: Gutschein für frisch gebackene Butterplätzchen.

Mama freute sich. Sie liebt Butterplätzchen und hatte alle Zutaten da. Nachmittags klopfte Jojo an meine Tür.

»Kannst du Plätzchen backen?«, fragte er. »Frau Hump sagt, das ist ganz leicht.«

Ich musste eigentlich Hausaufgaben machen. Aber weil er mein kleiner Bruder war, ging ich mit ihm in die Küche, um ihm zu helfen. Ich knetete den Teig für ihn, wir rollten ihn aus und stachen Plätzchen aus, die wir im Ofen backten. Wir brauchten drei Stunden dafür. Meine Hausaufgaben musste ich wohl morgen in der Pause machen ...

Am nächsten Tag steckte in Jojos Märchenschloss ein Gutschein für heißen Weihnachtstee, den er unseren Eltern servieren sollte. Nachmittags klopfte es wieder bei mir. »Kannst du Weihnachtstee kochen?«, fragte Jojo. Er durfte den Wasserkocher in der Küche noch nicht allein benutzen. Außerdem hatten wir keinen Weihnachtstee.

»Wir haben keinen Weihnachtstee!«, versuchte ich ihn abzuwimmeln.

»Frau Hump sagt, es ist ganz einfach!«, sprudelte es aus Jojo hervor. »Man kann normalen Früchtetee kochen. Und dann tut man Nelken und eine Vanilleschote rein.«

Ich schüttelte den Kopf. »Ich habe dir gestern schon die Plätzchen gebacken.«

Jojo schloss die Tür, und ich hörte ihn bei unserer Schwester klopfen.

Am dritten Dezember steckte ein Gutschein für ein auswendig gelerntes Weihnachtsgedicht in der Rolle. Ich hörte, wie Jojo angestrengt im Wohnzimmer übte: »Von drauß' vom Walde komm ich her, ich muss euch sagen, es bröselt sehr!«

»Es weihnachtet sehr!«, korrigierte ich ihn.

Jojo merkte sich Sachen nur schlecht. Nach dem ersten Satz verlor er jedes Mal den Faden. Eine Stunde später gab er auf, und ich hörte, wie er Ice Age im Fernsehen schaute.

»Was ist denn jetzt mit dem versprochenen Weihnachtsgedicht?«, fragte Papa beim Abendessen.

»Von drauß' vom Walde komm ich her!«, sagte Jojo. Der Rest fiel ihm nicht mehr ein, und er stocherte verlegen in seinem Gulasch.

Am nächsten Tag fanden unsere Eltern einen Gutschein für ein Weihnachtslied im Märchenschloss. Jojo wurde blass. Er konnte überhaupt nicht gut

singen. Unsere Schwester Ruth und ich halfen ihm. Ruth spielte Blockflöte, ich und Jojo sangen im Chor.
Jedes Mal, wenn Jojo an seinem Märchenschloss vorbeiging, sah er inzwischen ängstlich die vielen verpackten Türmchen an. Am fünften Tag zauberten unsere Eltern einen Gutschein für einmal Schneeschippen hervor. Jojo war etwas klein für sein Alter, und in der Nacht hatte draußen ein Schneesturm getobt.
»Hilfst du mir Schnee schippen?«, fragte Jojo verzweifelt, als er in meinem Zimmer stand.
»Ruf doch Frau Hump an!«, sagte ich böse.
Jojo fing an zu heulen. »Am liebsten würde ich auswandern!«, schniefte er. »Ich muss Mama und Papa noch einen Salzteigengel backen, eine Laterne basteln und zwei Sterne für den Christbaum häkeln. Und noch tausend andere Sachen, die Frau Hump sich ausgedacht hat.«
Unsere Schwester Ruth schaute um die Ecke. »Gutscheine sind toll!«, tröstete sie Jojo. »Aber nur, wenn man sie auch wirklich einlösen kann.«

Nachts, nachdem unsere Eltern ins Bett gegangen waren, trafen wir uns heimlich in der Küche. Vorsichtig machten wir alle Türmchen auf. Wir nahmen die restlichen neunzehn Gutscheine heraus und warfen sie in die Tonne. Dann schrieben wir neue Gutscheine für Jojo. Gutscheine, die wirklich zu ihm passten. Jetzt steckte im Märchenschloss ein Gutschein für einmal Tischdecken. Für eine Stunde weniger Fernsehen am Tag. Ein Gutschein für die witzigste Grimasse, die Jojo zustande brachte, und ein Gutschein für den ganzen Rosenkohl aufessen, den es immer sonntags bei Oma gab. Unsere Schwester machte die Folien wieder zu, und wir gingen zu Bett. Jetzt konnte auch für Jojo eine entspannte Adventszeit beginnen!

Kathrin Schrocke

5. Dezember

Die Fahrt über die Donau

Damals wohnte ich schon eine Zeit lang in der kleinen Pension »Donaublick« zwischen Vilshofen und Passau. Ich kannte den Besitzer Sepp recht gut, weil wir abends meistens gemeinsam im Fernsehzimmer saßen. Die Pension hatte ganze drei Gastzimmerchen und warf nicht allzu viel ab. Deshalb war Sepps Ehefrau Martina noch als Schneiderin tätig. Am Nachmittag des 2. Dezember, ich glaube, es war zwischen zwei und halb drei, klopfte es an meiner Zimmertür. Sepp stand draußen. »Hör mal, Peter«, sagte er, »ich müsste noch eine dringende Lieferung für Martina ans andere Ufer erledigen. Aber allein schaff' ich das nicht. Würdest du mir helfen? Du kannst auch ein paar Tage kostenfrei wohnen.« Wenig später waren wir beide in Martinas Schneiderzimmer mit vier riesigen braunbeigen Kleidersäcken konfrontiert.

Jeder schnappte sich zwei, und ich sage euch, sie hatten ein Gewicht, dass sie als Trainingseinheiten für Spitzengewichtheber gerade richtig gewesen wären. Wir wankten damit zur Donau, ließen die Säcke in Sepps Boot plumpsen und sprangen hinterher. Wenig später schwammen wir auf den dunklen Wellen des Flusses. Sepp besaß eine Art Ruderboot mit Außenbordmotor, und mit unserer Fracht hatten wir einen beachtlichen Tiefgang.

»Heute in der Nacht wird's Frost geben«, meinte Sepp. Wir standen im Boot und schauten hinüber aufs linke Ufer, die Mantelkragen hochgeschlagen, die Hände tief in den Taschen vergraben, und schwiegen vor uns hin.

Ich dachte daran, dass in drei Tagen Nikolausabend sein würde. Der alte Nikolaus von Myra, sinnierte ich, war einmal an Bord eines Schiffes im Marmarameer in Seenot geraten, als er als Bischof von Myra unterwegs war zum Konzil von Nizäa. Der Sturm tobte und pfiff und heulte, und die Wellen jagten immer wieder gewaltige Sturzbäche übers Schiff. Nur Nikolaus behielt die Ruhe und ermahnte Mannschaft und Passagiere durchzuhalten. Als sich der Sturm endlich beruhigte, dankten die Leute Nikolaus für ihre Errettung aus der Not. Aber Nikolaus meinte, dass es einzig und allein ihr aller Gottvertrauen gewesen sei, das es ihnen möglich gemacht hatte, der Gefahr zu entrinnen.

Nun, auf meiner Reise über die Donau bestand keine große Gefahr. Sepp lenkte das Boot sicher an die Anlegestelle, und ich reichte ihm die Kleiderbeutel hinaus, bevor auch ich an Land ging. Ich fragte ihn, wie weit wir zu gehen hätten, und er erklärte, es seien nur etwa fünfhundert Meter bis zu Martinas Kundschaft. Es sollte sich jedoch herausstellen, dass der Weg in Wahrheit doppelt so weit war.

Nun gut. Als mir die Fracht zu schwer wurde und

meine Arme zu erlahmen drohten, bat ich Sepp um eine Verschnaufpause.
»Wo bringen wir das Zeug eigentlich hin?«, erkundigte ich mich. »Zu einem Kostümverleih«, sagte Sepp. »Komm, Peter, wir müssen wieder los. Es ist nicht mehr weit.«
»Und was transportieren wir?«, fragte ich noch. – »Nikolaus-Kapuzenmäntel«, sagte Sepp. »Rote Nikolausmäntel.«

Peter Biqué

6. Dezember

Der Esel des St. Nikolaus

Als der Winter wieder einmal gekommen war, der Schnee in dicken Flocken zur Erde fiel und die Weihnachtszeit nahte, kam St. Nikolaus in den Stall, wo sein Eselchen stand, klopfte ihm auf den glatten Rücken und sagte: »Nun, mein Graues, wollen wir uns wieder auf die Reise machen?« Der Esel stampfte lustig mit den Füßen und wieherte leise. So zogen sie denn zusammen aus, der Esel hochbepackt mit Säcken, St. Nikolaus in seinem dicken Schneemantel, mit hohen Stiefeln und großen Pelzhandschuhen. Wenn sie so durch das Feld zogen, knirschte der Schnee unter ihren Füßen, und ihr Atem flog in großen Wolken um sie herum; aber St. Nikolaus lachte doch mit seinen fröhlichen alten Augen in die Welt hinein, und das Eselchen schüttelte sich vor Vergnügen, sodass die silbernen Glöcklein weit über das Feld klangen.

Im nächsten Dorf kehrten sie ein; denn sie waren beide hungrig. St. Nikolaus stellte sein Eselchen in den Stall und setzte sich selbst in die warme Stube zu einem Teller Suppe. Im Stall standen schon ein paar Pferde; auch ein Esel war unter ihnen, und gerade neben diesen – es war ein großer Mülleresel – kam unser Eselchen zu stehen.

»Was bist denn du für ein Kauz?«, fragte der Große verächtlich.

»Ich bin der Esel des St. Nikolaus«, antwortete stolz unser Grauer.

»So«, höhnte der Mülleresel, »da bist du auch etwas Rechtes! Immer hinter dem Alten herlaufen; im Schnee stehen vor den Häusern; fast erfrieren und verhungern, ehe du wieder in deinen Stall kommst; keinen rechten Lohn; immer dasselbe Futter, jahraus, jahrein; ich würde mir so etwas nicht gefallen lassen.«

»Ja, hast du es denn besser?«, fragte ganz erstaunt das Eselchen; »du musst doch auch Säcke tragen, oder nicht?«

»Natürlich«, prahlte der Esel, »aber nur, wenn es mir passt! Und zwischendurch laufe ich herum und gehe, wohin ich will! Habe ich Hunger, so komme ich heim und fresse, aber nicht nur dein lumpiges Heu, nein, Hafer, so viel es mir beliebt, und Brot und Zucker bringt man mir.«

Das Eselchen glaubte dem Aufschneider alles; denn beim St. Nikolaus hatte es natürlich nicht lügen gelernt. Solch ein Leben schien ihm beneidenswert; denn Hafer, Brot und Zucker bekam es nur selten.

»Es war natürlich nicht immer so«, fuhr der Mülleresel fort; »aber einmal lief ich einfach davon und kam acht Tage nicht wieder heim. Seither lassen sie mich machen, was ich will. Weißt du was, lauf deinem Alten auch einmal davon, und lass ihn seine Säcke allein schleppen! Du sollst sehen, wie es nachher anders wird! Lauf, lauf, die Tür ist eben offen, und du bist nicht angebunden!«

Das Eselchen, das wirklich ein rechtes Eselchen

war, wurde ganz verwirrt im Kopf von all dem Neuen, und da der große Esel ihm Achtung einflößte und man auf das Böse viel leichter hört als auf das Gute, so besann es sich nicht lange und ging wirklich zur Tür hinaus. Dort schüttelte es sich, schlug übermütig aus, dass der Schnee davonstob, und galoppierte zum Hof hinaus, über die Straße, durch den Kartoffelacker und lief in den Wald. Dort sprang es hin und her, rannte mit den Hasen um die Wette, spielte mit den Hirschen und Rehlein und machte hohe Sprünge, um den Schnee abzuschütteln, der von den Tannen auf seinen Rücken fiel.

Das Eselchen wurde schließlich müde und auch hungrig. Es lief auf eine große Wiese, um etwas Essbares zu suchen. Der Schnee aber war sehr hoch und hart gefroren, und das Eselchen fand nicht das kleinste Kräutlein. Als es weiterlief, sah es am Ende der Wiese, hart am Waldesrand, ein altes Mütterchen gehen, das auf seinem Rücken eine große Bürde Holz schleppte. Mühsam und langsam ging es vorwärts und atmete schwer. Das Eselchen, das im Grund gar ein liebes Eselchen war und bei St.

Nikolaus nur Gutes gelernt hatte, ging ganz nahe zu dem Mütterchen hin und blieb vor ihm stehen, senkte auch seinen Kopf und sah mit seinen klugen Augen die alte Frau aufmunternd an, dass dieses das Tier wohl verstand. Sogleich lud sie ihm ihr Holz auf den Rücken, tätschelte ihm den Hals und machte »Hü!«, und das Eselchen trottete sänftiglich hinter dem Mütterchen her, bis sie das kleine Häuschen erreichte hatten, weit draußen vor dem Dorf. Kaum war das Holz abgeladen, so kamen die Enkelkinder der Alten, sprangen um den Esel herum und schrien: »Ach, lass mich reiten, lass mich reiten!« Das Eselchen, das von St. Nikolaus gelernt hatte, die Kinder lieb zu haben, ließ sie reiten. Erst die Mädchen, dann die Buben, dann wieder die Mädchen und wieder die Buben; zuletzt saßen zwei auf, ritten gegen das Dorf, schrien hü und hott und schwangen ihre Mützen. Vor dem Dorf warf das Eselchen sie ab, und es gab ein großes Gelächter und Geschrei. Darauf sprangen die Kinder heim; das Eselchen lief weiter und wusste nicht recht, wohin es gehen sollte. Es war schon müde, und

Hunger und Durst hatte es auch. Langsam lief es in den Wald zurück und dachte an seinen warmen Stall, an das viele Heu, das es immer bekam, und an den guten St. Nikolaus, der ihm beim Fressen jedes Mal über den Rücken strich.

Traurig ging es vorwärts; hie und da fiel ein Tannenzapfen herunter, oder es krachte ein dürrer Ast; aber sonst war es still. Die Dämmerung kam, und dem Eselchen wurde es unheimlich. Wenn es nur den Weg gewusst hätte! Wenn es doch nur wieder daheim wäre, dachte es betrübt und senkte den Kopf tief, tief herunter.

Nachdem der gute St. Nikolaus seine Suppe gegessen hatte, ging er in den Stall, um das Eselchen herauszuholen. Aber da war kein Eselchen mehr! Er suchte es überall und fragte alle Leute, ob sie sein Eselchen nicht gesehen hätten; aber niemand hatte es gesehen. Da kam er auf die Straße und sah im Kartoffelacker Spuren von kleinen Hufen. Er ging den Spuren nach und richtig, als St. Nikolaus den Hügel hinter dem Dorf hinanstieg, sah er das Eselchen ganz traurig stehen. Es war so müde, dass es

nicht einmal den Kopf wandte, als es Schritte hörte.
»Graues!«, rief St. Nikolaus.
Potztausend, was machte es da für einen Sprung, und wie lief es hin zu St. Nikolaus, den es, obwohl es ganz dunkel war, gleich erkannte. Es wieherte vor Freude, schmiegte sich dich an ihn und rieb seinen Kopf an dem weichen, wohlbekannten Pelzmantel.
»Aber Graues«, sagte St. Nikolaus, »was machst du für Sachen!« Da schämte sich das Eselchen ganz gewaltig.
St. Nikolaus nahm es am Zaum; die beiden guten Freunde trotteten durch den Schnee zur nächsten Herberge, und als das Eselchen auf sauberem Stroh im Stalle stand, das duftende Heu vor sich und St. Nikolaus es hinter den Ohren kraulte, da dachte es bei sich: Diesmal bist du aber ein wirklicher Esel gewesen!
Und das ist die Geschichte von St. Nikolaus' Eselchen!

Lisa Wenger

7. Dezember

Bis zuletzt

Dicht an dicht fallen die Schneeflocken an diesem Dezemberabend. Schemenhafte Gestalten bewegen sich hinter erleuchteten Fenstern. Jeder nutzt die letzten Tage und Stunden für seine persönlichen Festvorbereitungen: Geschenke verpacken, Weihnachtsgrüße schreiben oder den Baum schmücken. Ein einzelnes Fahrzeug brummt in der Ferne. Dann ist wieder Stille. Bei so einem Wetter bleibt jeder in seiner Stube, froh, nicht hinaus zu müssen.

Das gilt anscheinend nicht für eine kleine, vermummte Gestalt, die sich gegen den Schnee lehnend die Straße entlangkämpft. Sie dreht sich vorsichtig nach allen Seiten um und geht dann zielstrebig zum Eingang von Haus Nummer 12. Ein später Besucher – zumindest keiner, den man mit offenen Armen begrüßen würde. Nicht die Haustür ist sein Ziel, ohne auch nur einen Moment zu überlegen, geht er auf den links danebenliegenden Kellerabgang zu. Behutsam, fast katzenartig, um ja nicht auszurutschen, steigt er die vereisten Stufen hinab. Ein letzter Blick gleitet über das Haus, alle Fenster an der Vorderseite sind dunkel, nur an der Seitenfront zeichnet das Licht einen hellen Streifen in den Nachthimmel. Die Gestalt stellt ihre Tasche ab und öffnet vorsichtig die Tür. Was für ein Leichtsinn, unverschlossene Türen sind ja geradezu eine Einladung für ungebetene Gäste. Die Tür knarrt, laut wie Donnerknall klingt es in den Ohren des Eindringlings.

Er dreht sich erschrocken um: Hat einer der Bewohner etwas gehört? Nein, alles bleibt ruhig. Mit noch größerer Behutsamkeit drückt er die Tür ganz auf, nochmals so ein Lärm, und er ist entdeckt. Der Lichtstrahl seiner Taschenlampe streift durch den Kellervorraum. Eine Kiste, einige Gerätschaften, sonst nichts, keine Menschenseele. Er bewegt sich vorsichtig weiter. Zwei Türen stellen sich ihm in den Weg. Aus der links von ihm liegenden dringt nur das typische Rasseln eines Heizkessels an sein Ohr. Vor der weiteren Tür bleibt er stehen. Vergeblich rüttelt er an der Klinke, abgeschlossen. Leise geht er zurück zum Ausgang. Er greift nach seiner Tasche, die er dort stehen gelassen hat, und zieht einen Schlüsselbund heraus. So bewaffnet geht er zurück zur verschlossenen Tür. Einen Schlüssel nach dem anderen steckt er ins Schloss – endlich, der letzte passt. Langsam tritt er in den Raum, nur kein weiteres Geräusch! Kann er es wagen, das Licht anzumachen? Er greift zum Schalter und knipst das Deckenlicht an. Drei Schritte noch, das Ziel ist zum Greifen nah.

„Ja, was schleichst denn du hier herum?" Entsetzt dreht er sich um. Diese Stimme ist auch zum Fürchten.

„Wie oft habe ich dir schon gesagt, du wirst dein

Weihnachtsgeschenk nicht finden? Jetzt aber schnell ins Haus, wir warten schon auf dich, und wenn du noch einmal den Kellerschlüssel mit außer Haus nimmst, dann fängst du ein paar." Verschämt drückt sich Max an seinem Vater vorbei, greift die Sporttasche und stapft tapfer durch den Schnee ins Haus.

Doris Thomas

8. Dezember

Winterliche Besucher

Um diese Jahreszeit hatte ich selten Besuch. Wenn der Schnee am tiefsten lag, wagte sich zeitweise für ein, zwei Wochen kein Wanderer in die Nähe meines Hauses. Doch ich lebte dort behaglich wie eine Feldmaus oder Vieh und Federvieh, von denen man sagt, dass sie lange Zeit in Schneewehen begraben überleben, sogar ohne Futter; oder wie die Familie jenes frühen Siedlers in der Stadt Sutton im Staate Massachusetts, dessen Hütte im großen Schnee von 1717 während seiner Abwesenheit vollständig von Schnee bedeckt wurde; und ein Indianer fand sie allein aufgrund des Lochs, das durch den Atem des Schornsteins in der Schneeverwehung entstanden war, und rettete die Familie. Aber kein freundlicher Indianer kümmerte sich um mich; doch brauchte er's auch nicht, denn der Hausherr war ja daheim. Der große Schnee! Wie fröhlich das klingt! Als die Farmer mit ihren Gespannen nicht mehr in Wald und Moor konnten, mussten sie die Schatten spendenden Bäume vor ihren Häusern fällen, und als die Schneedecke stärker wurde, fällten sie die Bäume im Moor – zehn Fuß überm Boden, wie sich im nächsten Frühjahr herausstellte.

Bei tiefstem Schnee hätte man den Pfad, den ich von der Landstraße zu meinem Haus zu nehmen pflegte – ungefähr eine halbe Meile –, als gewundene und gepunktete Linie darstellen können, mit großen Abständen zwischen den Punkten. Denn eine Woche lang, bei gleichbleibendem Wetter, machte ich beim Kommen und Gehen die gleiche Zahl von Schritten, im gleichen Abstand, absichtlich und präzise wie ein Zirkel in meine eigenen tiefen Spuren tretend – zu solchen Gewohnheiten treibt uns der Winter; doch waren meine Spuren oft nur vom Blau des Himmels erfüllt. Freilich konnte mich kein Wetter bei meinen Spaziergängen oder – besser gesagt – Streifzügen stören. Oft watete ich acht oder zehn Meilen durch den tiefsten Schnee, um meine Verabredung mit einer Rotbuche oder einer gelben Birke einzuhalten; oder mit einer alten Bekannten unter den Föhren, denen Eis und Schnee die Äste niedergebogen und den Wipfel so zugespitzt hatten, dass sie wie Tannen aussahen. Ich stapfte auf die Gipfel der höchsten Hügel, auch wenn der Schnee zwei Fuß hoch lag und jeder Schritt einen neuen Schneesturm auf meinen Kopf niedergehen ließ; manchmal kroch ich auf Händen und Füßen dorthin, wenn die Jäger bereits im Winterquartier waren. Eines Nachmittags unterhielt ich mich damit, eine gestreifte Eule (Strix nebulosa) zu beobachten, die auf einem der unteren abgestorbenen Äste einer Weißtanne saß: in der Nähe des Stamms, am helllichten Tag! Ich stand etwa fünf Meter entfernt. Sie konnte mich hören, wenn ich mich bewegte und meine Füße den Schnee knirschen ließen, deutlich sehen konnte sie mich nicht. Wenn ich besonders laut war, streckte sie ihren

Nacken, sträubte ihre Nackenfedern und riss ihre Augen weit auf. Aber ihre Lider sanken rasch wieder herab und sie begann zu dösen. Auch mich überkam ein Gefühl der Schläfrigkeit, nachdem ich sie eine halbe Stunde beobachtet hatte, wie sie so dasaß mit halb offenen Augen wie eine Katze, eine geflügelte Schwester der Katze. Ihre Lider waren nur einen winzigen Schlitz geöffnet, wodurch sie einen halbinselhaften Kontakt mit mir hielt. So, fast geschlossenen Auges, schaute sie aus dem Land der Träume und bemühte sich, mich wahrzunehmen, den vagen Gegenstand, das Etwas, das ihre Träume störte. Schließlich, wegen eines lauteren Geräuschs oder meines Nähertretens, wurde sie unruhig und drehte sich träge auf ihrem Sitz, gleichsam unwillig darüber, dass ihre Träume gestört wurden. Und als sie sich in die Luft erhob und durch die Föhren flog, ihre Flügel zu unerwarteter Breite ausgespannt, konnte ich nicht den geringsten Laut vernehmen. Geleitet mehr von einem feinen Gespür für die Nähe der Föhren als durch deren Anblick, ihren halbdunklen Weg wie mit empfindlichen Fittichen spürend, fand sie einen neuen Ast, wo sie in Frieden das Heraufdämmern ihres Tages erwarten konnte.

Henry David Thoreau

9. Dezember

Engelmessen

Der Herbst ging hin, der Advent begann, und mit ihm kamen jene täglichen frühen Morgenfeiern in der Kirche, die »Engelmessen« hießen. Um sechs Uhr schon begannen sie, noch ehe die kalte frühwinterliche Nacht gewichen war. Ich beschloss, in diesem Jahr keine der Morgenmessen zu versäumen. Es war nicht leicht, den Entschluss auszuführen. Allerlei Widerstände erhoben sich. Meine Mutter, in der Sorge, das frühe Aufstehen und das Verweilen in der kalten Kirche könne meiner Gesundheit schaden, verbot es mir, der Großonkel aber sprach für mich, und endlich willigte die Mutter ein, wohl in der Annahme, dass diese kindliche

Laune bald von selbst vorüberginge. Ich erinnere mich mit allen Sinnen an jene Morgen. Um halb sechs Uhr klingelte der Wecker im Zimmer meiner Mutter. Davon erwachte ich und ohne mich zu besinnen, sprang ich aus dem Bett. Es war sehr kalt in dem großen, nie geheizten Zimmer; ich zitterte, so fror ich. Ich eilte über den gepflasterten Gang, lose Steine klapperten, das hohe Gewölbe widerhallte. Noch war es nächtlich dunkel. Ich tastete mich nach dem durchkälteten Waschraum. Das Wasser lief aus dem Hahn in die Schüssel, und dieses erst dumpfe, dann immer heller werdende Geräusch war schlimmer zu überstehen als das plötzliche Verlassen des warmen Bettes. Ein Frühstück gab es nicht vor der Engelmesse, denn es gehörte zur Feier, nüchtern zu sein. So schwierig dies alles für ein Kind war, so erfüllte es mich mit einer unsäglichen Freude. Während ich vor Frost bebte, war ich schon dem Frieren und allem Unbehagen entrückt. Ich hielt eine inständige, wortlose Zwiesprache mit dem Morgen. Wenn ich aus dem Hause trat, standen meist die Sterne frostklar und funkelnd über den Giebeln. In der Luft klirrte die Kälte, manchmal fiel leise wolliger Schnee, die Glocken läuteten durch den Morgen, und die Klosterfrauen eilten schweigsam und dunkel zur Kirche. Der Kirchenraum war noch unerhellt, die Tante zog einen Wachsstock aus der Tasche, stellte ihn auf das Betpult, bog das dünne Wachsband in die Höhe und entzündete mit feierlicher Umständlichkeit den Docht. Noch war unser Licht einsam, unzulänglich, aufgesogen von der Nacht, die das hohe Kirchenschiff füllte; bald aber strahlten da und dort ebenfalls kleine Flammen auf, und endlich stand ein Lichterwald über den dunklen Bänken, hell genug, die Gesichter und Gesangbücher zu beleuchten, aber zu schwach, um die tiefe Dämmerung zwischen den Pfeilern, in Nischen und Gewölben zu durchdringen. Sooft das Portal sich öffnete, fuhr ein kalter Windstoß in den Lichterwald und ließ die Flammen heftig flackern, dass sie fast erloschen. Als die Messe begonnen hatte, brannten die Lichter einhellig und still und verströmten mit zartem Knistern köstlichen Wachsduft und milde Wärme. Ich las in einem großen ledergebundenen Gebetbuch, das so alt war, dass »sei« noch mit Ypsilon geschrieben war und dass Stockflecken auf den Blättern waren. Es sprach eine einfältige kindliche Sprache, ich liebte es sehr. Zwischen Gebete waren alte Legenden eingeflochten. Ich las am liebsten von Einsiedlern in der Wüste, deren Herz so einfach und so liebreich war, dass wilde Tiere kamen und ihnen dienten. Mit Begierde atmete ich den Duft von heilig durchsichtigem Geheimnis, der den nüchternen, wortkargen Berichten entströmte. In diesen morgendlichen Stunden, da meine Hände und Füße vor Frost brannten, widerfuhren mir mühelos, ungesucht jene Entrückungen in ein leidenschaftliches Glück der innern Anschauung oder auch in einen bilderlosen, schlafverwandten Frieden, die ich nie und nimmer durch Bußübungen hätte erzwingen können.

Luise Rinser

10. Dezember

Es ist für uns eine Zeit angekommen

Es ist für uns eine Zeit angekommen, die bringt uns eine große Freud.
Übers schneebeglänzte Feld
wandern wir, wandern wir
durch die weite, weiße Welt.

Es schlafen Bächlein und See unterm Eise,
es träumt der Wald einen tiefen Traum.
Durch den Schnee, der leise fällt,
wandern wir, wandern wir
durch die weite, weiße Welt.

Vom hohen Himmel ein leuchtendes
 Schweigen
erfüllt die Herzen mit Seligkeit.
Unterm sternbeglänzten Zelt
wandern wir, wandern wir
durch die weite, weiße Welt.

Jedes Lied hat wie jedes Bild eine eigene Geschichte. Dem nachzugehen, macht ein Lied oder Bild oft zu einem Zeitzeugen. Wird es in der Deutung bewusst geändert, etwa dem Zeitgeist angepasst, ergibt sich die Frage, ob es so bleibt. Im 19. Jahrhundert war das Lied »Es ist für uns eine Zeit angekommen« in der deutschsprachigen Schweiz ein Dreikönigs-, ein Sternsängerlied, bekannt auch als Sterndrehermarsch. Aus Uffikon, aus dem Wiggertal im Kanton Luzern, kommt der ursprüngliche Text. Der Volksliedersammler Alfred Leonz Gassmann (1876–1962) überlieferte ihn 1906 (»Das Volkslied im Luzerner Wiggertal und Hinterland«, aus dem Volksmunde gesammelt und herausgegeben von A. L. Gassmann, Basel).

Die Sternsänger zogen von Haus zu Haus. Einer trug einen gebastelten Stern an einem Stock voran. Er war der »Sterndreher«. Der Stern war mit verschiedenfarbigen Papieren überzogen. Im Inneren brannte eine Kerze. Beim Drehen leuchtete der Stern nach allen Seiten verschiedenfarbig. Das Lied erhielt im Laufe der Zeit regional verschiedene Texte und Melodien. Gegen Ende des 19. Jahrhunderts ging es verloren. Das war der ursprüngliche Text:

> Es ist für uns eine Zeit angekommen,
> es ist für uns eine große Gnad'.
> Denn es ist ein Kind geboren
> und das der höchste König war.
> Unser Heiland Jesus Christ,
> der für uns, der für uns,
> der für uns Mensch geworden ist.
> Herodes war so sehr verdrossen,
> weil er dieses nicht leiden mag.
> Denn es lag in der harten Krippe

und die gar noch ein Felsen war:
Zwischen Ochs und Eselein
liegst du armes, liegst du armes Jesulein.

In der Krippe muss er liegen
und wenn's der härteste Felsen wär:
Zwischen Ochs und Eselein
liegst du armes, liegst du armes Jesulein.

Unter dem Einfluss des Dritten Reiches dichtete der Komponist und Musiklehrer Paul Herman (1904–1970) dieses Lied zeitgemäß um. Der ursprünglich religiöse Grund des Liedes ging verloren. In dem Lied war keine Spur mehr von der »großen Gnad« der Menschwerdung Gottes zu finden, nur noch Freude an der Natur. Paul Hermann beschreibt eine idyllische Winterlandschaft. Sein Text zu der Melodie des alten Sterndrehermarschs setzte sich auch später durch. Der neue Text passt zum Rhythmus der alten Melodie. Der Hinweis auf die »große Freud« (Strophe 1), die »die Herzen mit Seligkeit erfüllt« (Strophe 3), kann gedanklich mit der christlichen Weihnachtsbotschaft gefüllt werden. Das steht jedem frei.

Trotzdem! Von dem verweltlichten Lied kann man nicht mit Augustinus sagen: »Wer singt, betet doppelt.« Eine »Rechristianisierung« des Liedes wurde verschiedentlich versucht. Die erste Strophe in der alten Fassung, gleichlautend mit der letzten, ergänzte Maria Wolters 1957 durch acht weitere Strophen. Dadurch wurde es zu einem wie früher schlichten Erzähllied, jetzt im Wechselgesang: Die 1. Strophe singen alle, die 2. ein Erzähler und ein Engel, die 3. ein Erzähler und Maria, die 4. bis 5. ein Erzähler, die 6. bis 7. ein Erzähler und ein Engel, die 8. bis 9. wiederum ein Erzähler, die 10. Strophe singen abschließend alle:

> Es ist für uns eine Zeit angekommen,
> die bringt uns eine große Gnad.
> Unser Heiland Jesus Christ,

der für uns, der für uns,
der für uns Mensch geworden ist.

Es sandte Gott seinen Engel vom Himmel,
der sprach zur Jungfrau Maria:
»Du sollst Mutter Gottes sein,
Jesus Christ, Jesus Christ,
Jesus Christ, dein Söhnelein.«

Maria hörte des Herren Begehren,
sich neigend sie zu dem Engel sprach:
»Sieh, ich bin des Herren Magd,
mir gescheh, mir gescheh,
mir gescheh, wie du gesagt.«

Und es erging ein Gebot von dem Kaiser,
dass alle Welt geschätzet würde.
Josef und Maria zart,
voll der Gnad, voll der Gnad,
zogen hin nach Davids Stadt.

Es war kein Raum in der Herberg zu finden,
es war kein Platz für arme Leut.
In dem Stall bei Esel und Rind
kam zur Welt, kam zur Welt,
kam zur Welt das heilge Kind.

Es waren Hirten bei Nacht auf dem Felde,
ein Engel ihnen erschienen ist:
»Fürcht' euch nicht, ihr Hirtenleut!
Fried und Freud, Fried und Freut,
Fried und Freud verkünd' ich heut.

Denn euch ist heute der Heiland geboren,
und er ist Christus, unser Herr.
Das soll euch zum Zeichen sein:
's Kindlein liegt, 's Kindlein liegt,
's Kindlein liegt im Krippelein.

Sie gingen eilend und fanden die beiden,
Maria und Josef, in dem Stall
und dazu das Kindelein,
Jesus Christ, Jesus Christ,
Jesus Christ im Krippelein.

Vom Morgenlande drei Könige kamen,
ein Stern führt sie nach Bethlehem.
Myrrhen, Weihrauch und auch Gold
brachten sie, brachten sie,
brachten sie dem Kindlein hold.

Es ist für uns eine Zeit angekommen,
die bringt uns eine große Gnad.
Unser Heiland Jesus Christ,
der für uns, der für uns,
der für uns Mensch geworden ist.

Auch die katholische Jugend hat sich um eine Wiederbelebung des ursprünglichen Dreikönigsliedes bemüht. In ihrer dreistrophigen Textform schloss sie sich 1966 eng der Urfassung des Liedes an (in: »Das bunte Boot. Lieder für Jungen und Mädchen«, hrsg. von der Hauptstelle der Deutschen Katholischen Jugend):

> Es ist für uns eine Zeit angekommen,
> die bringt für uns eine große Gnad:
> unsern Heiland Jesus Christ,
> der für uns, der für uns
> der für uns Mensch geworden ist.

> In einer Krippe der Heiland muss liegen
> auf Heu und Stroh in der kalten Nacht.
> Zwischen Ochs und Eselein
> liegest du, liegest du,
> liegest du, armes Jesulein.

Es kommen Könige, ihn anzubeten,
ein Stern führt sie nach Bethlehem.
Kron und Zepter legen sie ab,
bringen ihm, bringen ihm
bringen ihm ihre Opfergab.

Sowohl bei der Abänderung von Maria Wolters als auch bei der der katholischen Jugend ist wieder von der »großen Gnad« die Rede. Heute lebt dieses Lied sowohl in der weltlichen Form als Volkslied als auch als christliches Erzähllied. Auf seinen weiteren Werdegang darf man gespannt sein. Melodie und Rhythmus sprechen so an, dass es überleben wird.

Text und Melodie: alter Schweizer Sterndrehermarsch

Friedrich Haarhaus

11. Dezember

Das Hirtenlied

Es war einmal ein alter Hirte, der die Nacht liebte und um den Lauf der Gestirne wusste. Auf seinen Stock gestützt, den Blick zu den Sternen erhoben, stand der Hirte auf dem Felde. »ER wird kommen!«, sagte er. »Wann wird ER kommen?«, fragte der Enkel. »Bald!« Die anderen Hirten lachten. »Bald!«, höhnten sie. »Das sagst du nun seit Jahren!« Der Alte kümmerte sich um ihren Spott. Nur der Zweifel, der in den Augen des Enkels aufflackerte, betrübte ihn. Wer sollte, wenn er starb, die Weissagungen der Propheten weitertragen? Wenn ER doch bald käme! Sein Herz war voller Erwartung. »Wird ER eine goldene Krone tragen?«, unterbrach der

Enkel seine Gedanken. »Ja!« »Und ein silbernes Schwert?« »Ja!« »Und einen purpurnen Mantel?« »Ja! Ja!« Der Enkel war zufrieden. Der Junge saß auf einem Stein und spielte auf seiner Flöte. Der Alte lauschte. Der Junge spielte von Mal zu Mal schöner, reiner. Er übte am Morgen und am Abend, Tag für Tag. Er wollte bereit sein, wenn der König kam. Keiner spielte so wie er. »Würdest du auch für einen König ohne Krone, ohne Schwert, ohne Purpurmantel spielen?«, fragte der Alte. »Nein!«, sagte der Enkel. Wie sollte ein König ohne Krone, ohne Schwert, ohne Purpurmantel ihn für sein Lied beschenken? Mit Gold und mit Silber! Er würde ihn reich machen und die anderen würden staunen, ihn beneiden. Der alte Hirte war traurig. Ach, warum versprach er dem Enkel, was er selbst nicht glaubte! Wie würde ER denn kommen? Auf Wolken aus dem Himmel? Aus der Ewigkeit? Als Kind? Arm oder reich? Bestimmt ohne Krone, ohne Schwert, ohne Purpurmantel – und doch mächtiger als alle anderen Könige. Wie sollte er das dem Enkel begreiflich machen? Eines Nachts standen die Zeichen am Himmel, nach denen der Großvater Ausschau gehalten hatte. Die Sterne leuchteten heller als sonst. Über der Stadt Bethlehem stand ein großer Stern. Und dann erschienen die Engel und sagten: »Fürchtet euch nicht! Euch ist heute der Heiland geboren!« Der Junge lief voraus, dem Licht entgegen. Unter dem Fell auf seiner Brust spürte er die Flöte. Er lief, so schnell er konnte. Da stand er als Erster und starrte auf das Kind. Es lag in Windeln gewickelt in einer Krippe. Ein Mann und eine Frau betrachteten es froh. Die anderen Hirten, die ihn eingeholt hatten, fielen vor dem Kind auf die Knie. Der Großvater betete es an. War das nun der König, den er ihm versprochen hatte? Nein, das musste ein Irrtum sein. Nie würde er hier sein Lied spielen. Er drehte sich um, enttäuscht, von Trotz erfüllt. Er trat in die Nacht hinaus. Er sah weder den offenen Himmel noch die Engel, die über dem Stall schwebten. Aber dann hörte er das Kind weinen. Er wollte es nicht hören. Er hielt sich die Ohren zu, lief weiter. Doch das Weinen verfolgte ihn, ging ihm zu Herzen, zog ihn zurück zur Krippe. Da stand er zum zweiten Mal. Er sah, wie Maria und Joseph und auch die Hirten erschrocken das weinende Kind zu trösten versuchten. Vergeblich! Was fehlte nur? Da konnte er nicht anders. Er zog die Flöte aus dem Fell und spielte sein Lied. Das Kind wurde still. Der letzte leise Schluchzer in seiner Kehle verstummte. Es schaute den Jungen an und lächelte. Da wurde er froh und spürte, wie das Lächeln reicher machte als Gold und Silber.

Max Bolliger

12. Dezember

Wenn die Lichter brannten

Viele Wochen vor Weihnachten sind die Knaben in emsiger Tätigkeit, denn als ein Hauptschmuck des Festes wird nach Landesbrauch das Krippel aufgestellt, Bilder der Krippe, in der das Kindlein liegt, mit Maria und Joseph, den Heiligen Drei Königen, den anbetenden Hirten mit ihren Schafen und darüber der glitzernde Stern und Engel, welche auf einem Papierstreifen die Worte halten: »Gloria in excelsis«. Die Figuren kauften die Kleinen auf Bilderbogen, schnitten sie mit der Schere aus und klebten ein flaches Hölzlein mit Spitze dahinter, damit die Bilder in weicher Unterlage hafteten. Der Heiligen Familie aber, dem Ochsen und Eselein wurde ein Papphaus mit offener Vorderseite verfertigt, auf dem Dach Strohhalme in Reihen befestigt, der Stern war von Flittergold. Das Waldmoos zu dem Teppiche, in welchen die Figuren gesteckt wurden, durften wir aus dem Stadtwald holen, dorthin zog an einem hellen Wintertage die Mutter mit den Kindern, begleitet von einem Manne, der auf einer Radeber den Korb für das Moos fuhr. Es war zuweilen kalt und die Schneekristalle hingen am Moose, aber mit heißem Sammeleifer wurden die Polster an den Waldrändern abgelöst und im Korbe geschichtet, daheim auf einem großen Tisch zusammengefügt und an zwei Ecken zu kleinen Bergen erhöht In der Mitte des Hintergrundes stand die Hütte, über ihr schwebte an seinem Drahte der Stern, auf den beiden Seiten hatten die Hirten und Herden mit den Engeln zu verweilen. Die ganze Figurenpracht wurde durch kleine Wachslichter erleuchtet, welche am Weihnachtsabend zum ersten Mal angesteckt wurden. Wenn die Lichter brannten und die Engel sich bei leichter Berührung wie lebendig bewegten, dann hatten die Kinder zum ersten Mal das selige Gefühl, etwas Schönes verfertigt zu haben.

Während des Festes wurden dann ähnliche Arbeiten kleiner und erwachsener Künstler besehen, denn fast in jedem Haushalt stand ein Krippel, und mancher wackere Bürger benutzte seine Werkstatt, um dasselbe durch mechanische Erfindungen zu verschönen; man sah auf den Bergen große Windmühlen, deren Flügel durch rollenden Sand eine Zeit lang getrieben wurden, oder ein Bergwerk mit Grubeneinfahrt, in welchem Eimer auf und ab gingen, und häufig stand ganz im Vordergrund ein schwarz und weiß gestrichenes Schilderhaus mit rotem Dach und davor die preußische Schildwache. Aber diese Zusätze waren dem Knaben niemals nach dem Herzen, er hatte die dunkle Empfindung, dass sie sich mit den Engeln und den Heiligen Drei Königen nicht recht vertragen wollten.

Gustav Freytag

13. Dezember

Der goldene Schlüssel

Zur Winterszeit, als einmal ein tiefer Schnee lag, musste ein armer Junge hinausgehen und Holz auf einem Schlitten holen.
Wie er es nun zusammengesucht und aufgeladen hatte, wollte er, weil er so erfroren war, noch nicht nach Hause gehen, sondern erst Feuer anmachen und sich ein bisschen wärmen. Da scharrte er den Schnee weg, und wie er so den Erdboden aufräumte, fand er einen kleinen goldenen Schlüssel. Nun glaubte er, wo der Schlüssel wäre, müsste auch das Schloss dazu sein, grub in der Erde und fand ein eisernes Kästchen. »Wenn der Schlüssel nur passt!«, dachte er, »es sind gewiss kostbare Sachen in dem Kästchen.« Er suchte, aber es war

kein Schlüsselloch da; endlich entdeckte er eines, aber so klein, dass man es kaum sehen konnte. Er probierte, und der Schlüssel passte glücklich. Da drehte er einmal herum, und nun müssen wir warten, bis er vollends aufgeschlossen und den Deckel aufgemacht hat, dann werden wir erfahren, was für wunderbare Sachen in dem Kästchen lagen.

Brüder Grimm

14. Dezember

Seht, die gute Zeit ist nah

Seht, die gute Zeit ist nah, Gott kommt
auf die Erde, kommt und ist für
alle da, kommt, dass Friede werde,
kommt, dass Friede werde.

Hirt und König, Groß und Klein, Kranke
und Gesunde, Arme, Reiche
lädt er ein, freut euch auf die Stunde,
freut euch auf die Stunde.

Dazu können folgende Begleitstimmen gesungen werden:
Halleluja. Halleluja.
Freut euch auf die Stunde!

Der Dichter und Komponist des Liedes »Seht, die gute Zeit ist nah«, Pfarrer Friedrich Walz (1932–1984), hätte noch mehr solcher Lieder dichten sollen. Er starb leider schon mit 52 Jahren. Er war nacheinander Gemeindepfarrer, Studentenpfarrer, zuletzt kirchlicher Beauftragter für Hörfunk und Fernsehen in München. Seinen Liedern kam zugute, dass er erst einige Jahre Hirte einer Gemeinde war, bevor er eine übergemeindliche Aufgabe übernahm. Das merkt man auch an seinen beiden Spirituals »Komm, sag es allen weiter« und »Kommt, wir teilen das Brot am Tisch des Herrn«. Das sind keine Schreibtischlieder. Das Adventslied »Seht, die gute Zeit ist nah« entstand 1972. Walz schrieb es nach einem Weihnachtslied aus Tschechien: »Svatou dobu již tu máme«. Es kann auch als zweistimmiger Kanon gesungen werden. Walz fügte eine Begleitstimme mit »Halleluja« hinzu.

Als Adventslied wurde es ins Evangelische Gesangbuch (Nr. 18) aufgenommen. Es lädt zu dem wiederkommenden Heiland ein. Die Betriebs- und Vereinsweihnachtsfeiern pflegten die Verbundenheit von Mensch zu Mensch. Die lila Farbe der Altar- und Kanzelbehänge gibt zu erkennen: Gott will sich mit uns verbinden. Er ist auf dem Weg zu uns. Advent ist eine Buß- und Betzeit, um sich dessen bewusst zu werden. Frieden auf Erden kann sich schon hier und heute anbahnen, wenn alle Menschen, alle Völker Gott die Ehre geben und fragen, was er der Menschheit schenkt:

Hirt und König, Groß und Klein
Kranke und Gesunde,
Arme, Reiche läd er ein (Strophe 2).

Was hier auf Erden noch unvereinbar zu sein scheint, wird vor Gott vereint: Irdisches und Himmlisches, Sichtbares und Unsichtbares, Erschaffenes und Unerschaffenes, Mensch und Gott. König und Hirte, Gesunde und Kranke, Reiche und Arme gehen, wenn sie zu Gott unterwegs sind, keine getrennten Wege. Die Schere geht nicht noch weiter auseinander, sie geht zusammen: »Freut euch auf die Stunde!« Freundet euch schon jetzt an! Gott wird euch in sich vereinen. Der im Alten Testament prophezeite Friedensfürst (Jes 9,5) entfaltet einen universalen Frieden, keinen zeitlich begrenzten, der auf tönernen Füßen steht, erst recht keine Friedhofsruhe. Ewigkeit ist kein Stillstand an Zeit. Sie wird nicht mehr nach Lebenszeit gemessen. Wann das sein wird (Strophe 1), auf welche Stunde die Menschen sich freuen sollen (Strophe 2), ist nicht im Kalender zu vermerken, nicht mit dem Countdown eines Raketenabschusses zu vergleichen. Für die, die sich auf sein Eintreffen freuen, kommt er nicht mit Blitz und Donnerschlag. Der Barmherzige kommt als Geschenk und Befreiung.

Das Lied besingt die Freude über den schon geschehenen Brückenschlag von Gott zu Mensch, Gottes Menschwerdung. Gottes Nähe wird in dieser »guten« (im Originaltext »heiligen«) Zeit gefeiert. Die »gute« beziehungsweise »heilige Zeit«, in der Endzeile des Liedes »Stunde« genannt, bilden den Rahmen für die Frohe Botschaft: Gott ist jederzeit, erst recht am Ende für alle da.

Gott kommt auf die Erde, kommt und ist für alle da (Strophe 1).

Bei dem Evangelisten Lukas wird Gottes Menschwerdung den Hirten verkündet. Bei Matthäus sind es Magier, Sterndeuter, oft mit dem Titel Könige bezeichnet, die das Weltereignis aus den Sternen lesen und in ihrer Gottverbundenheit richtig deuten konnten. Im Altertum, auch im Alten Testament, trugen die Könige auch den Titel Hirt. Wenn Könige für ihre Untergebenen wie Hirten für ihre Schafe sorgen, nicht auf Beute, Ruhm und Ehre besessen sind, folgen sie als Freunde dem ewigen Friedensfürsten. Der schlägt keine Wunden, sondern verbindet sie. Er zerstreut nicht, sondern sammelt Zerstreute. Er bringt keine Zwietracht unter die Menschen, sondern er versöhnt sie.

Er kommt, dass Friede werde (Strophe 1).

Maria, die Mutter Jesu, besingt das in ihrem Magnifikat (Lk 1,39–51) triumphal als eine Umkehrung der Unterschiede zwischen Groß und Klein, Arm und Reich: Die Gewaltigen werden vom Thron gestürzt und die Niedrigen erhoben. Jesus nennt in seiner Bergpredigt die selig, die vor Gott arm sind, die Trauernden, die keine Gewalt anwenden, die nach der Gerechtigkeit Hungernden und Dürstenden, die barmherzig sind, die ein reines Herz haben, die Frieden stiften, die um der Gerechtigkeit willen verfolgt werden (Matthäus 5,3–10). Ihnen sagt er eine Zukunft bei Gott zu.

Schalom/Salam meint nicht nur Waffenruhe, auch soziale Gerechtigkeit, Herzlichkeit, Nächsten- und Gottesliebe. Schalom/Salam zielt über Gerechtigkeit und Frieden hinaus auf Wärme und Geborgenheit, wie sie nur Gott gewährleistet, obwohl mit Gerechtigkeit wäre, dem Gottesfrieden vorausgehend, vorläufig schon viel gewonnen. Aber gemeint ist mehr.

Text und Melodie: Friedrich Walz, nach einem Weihnachtslied aus Mähren © Erlanger Verlag für Mission und Ökumene, Neuendettelsau

Friedrich Haarhaus

15. Dezember

Von der Erfindung der Weihnachtsfreude

Im Himmel war gerade eine Beratung, und das Thema der Beratung war die Ankunft des Messias auf der Erde. »Es ist soweit«, sagte Gott Vater, »die Menschen haben lange genug ausgeharrt, und wir haben durch unsere Propheten die Sache schon mehrmals bekannt gegeben und versprochen, nun müssen wir endlich was tun.
Über tausend Jahre warten die Menschen, das ist eine lange Zeit, wenigstens auf der Erde.« Und dann überlegten Gott und die Engel, die mit ihm im Himmel wohnten, wie man das wohl machen könnte, den Messias schicken. Einer schlug vor, man solle einfach den jetzt regierenden König von

Juda nehmen: »Du baust ihn um, Gott Vater, zu einem Heiligen. Denn das ist er leider noch nicht. Aber du wirst sehen, wie gut er sich macht.« Andere waren mehr für einen Propheten, einer nannte sogar den Namen Johannes, der später der Täufer hieß. »Einer, mit dem sie nicht so rechnen, kann sich eher durchsetzen. Denn wenn er aus dem Hause Juda kommt, vergleichen sie ihn mit dem großen König David, und womöglich schneidet der Messias dann schlechter ab. Das schadet unserem guten Ruf im Himmel.«

Gott Vater war mit keiner der vorgebrachten Ideen einverstanden. »Zu wenig Freude!«, sagte er. »Zu wenig Freude! Wenn der Messias kommt, sollen sich die Leute freuen. Gleich, wenn sie ihn zum ersten Mal sehen, sollen sie sich freuen. Lachen sollen sie! Und ich fürchte, sie fürchten sich, anstatt zu lachen. Wenn einer mit dem Säbel kommt. Oder mit einer Krone und einem prächtigen Purpurmantel! Mit so einem redet man doch nicht, da geniert man sich, da hat man Angst auf der Erde.« Gott Vater schaute sich um. »Hier gibt's ja – mir sei Dank – so etwas nicht mehr. Kronen, Säbel und Purpurmäntel müssen sie alle unten lassen. Oder wenn er kommt wie ein Prophet, mit einem Kamelhaarfell und wildem Bart, das macht doch keine Freude. Wie muss einer aussehen, damit man sich freut?«

Der Engel Gabriel kaute an seinen Fingernägeln. Das tat er immer, wenn er scharf nachdachte, obwohl sich das auch im Himmel nicht gehört. »Vielleicht wie ein Kind?«, sagte er. »Über ein Kind freut man sich immer.« »Ein Kind?« Gott Vater überlegte. »Ein Kind? Natürlich, ein Kind! Habt ihr schon ein einziges Mal einen Menschen gesehen, der sich fürchtet, wenn er ein Kind sieht, einen Säugling? Ich nicht. Das gibt's auf der ganzen Erde nicht und im Himmel erst recht nicht. Ein Kind macht immer Freude … wenigstens, wenn es noch klein ist.

Alle waren von der Idee überwältigt, ja, ein Kind musste es sein. Aber wer sollte das Kind spielen? Sollte es das Kind eines Rabbis sein oder eines Propheten? Das Kind würde erwachsen, daran musste man denken. Und es sollte doch ein tüchtiger Erwachsener werden. Wer weiß, was ihm bevorstehen würde. Alle dachten angestrengt nach: »Wer spielt das Kind?«

»Ich«, sagte Gott Vater. Beinahe hätte es im Himmel einen richtigen Aufstand gegeben: »Du? Das geht doch nicht«, sagte der eine. »Ein richtiger Mensch? Gott als Kind? Da lachen ja die Menschen.«

»Sie sollen doch lachen«, sagte Gott Vater. »Natürlich, lachen sollen sie!«

»Aber sie sollen doch Gott nicht auslachen! Das ist doch ganz was anderes.«

Gott Vater lächelte: »Vielleicht nicht. Ist es nicht besser, alle lachen, wenn sie mich sehen, auch wenn ein paar darunter sind, die mich auslachen?«

»Und der Himmel? Der soll wohl leer stehen?«

»Ja«, sagte Gott Vater.

»Und wenn etwas schiefgeht, unten auf der Erde?«

»Es geht schief, aber das versteht ihr jetzt noch nicht. Jedenfalls fängt es mit Freude an und nicht mit Furcht, und am Ende, am Ende wird wieder Freude sein, und sie wird bleiben!«

Dietrich Mendt

16. Dezember

Der kleine Tannenbaum

Es war einmal ein kleiner Tannenbaum im tiefen Tannenwalde, der wollte so gerne ein Weihnachtsbaum sein. Aber das ist gar nicht so leicht, als man das meistens in der Tannengesellschaft annimmt, denn der heilige Nikolaus ist in der Beziehung sehr streng und erlaubt nur den Tannen, als Weihnachtsbaum in Dorf und Stadt zu spazieren, die dafür ganz ordnungsgemäß in seinem Buch aufgeschrieben sind.

Das Buch ist ganz erschrecklich groß und dick, so wie sich das für einen guten alten Heiligen geziemt. Und damit geht er im Walde herum in den klaren kalten Winternächten und sagt es allen den

Tannen, die zum Weihnachtsfeste bestimmt sind. Dann erschauern die Tannen, die zur Weihnacht erwählt sind, vor Freude und neigen sich dankend. Dazu leuchtet des Heiligen Heiligenschein und das ist sehr schön und sehr feierlich.

Und der kleine Tannenbaum im tiefen Tannenwalde, der wollte so gerne ein Weihnachtsbaum sein. Aber manches Jahr schon ist der heilige Nikolaus in den klaren, kalten Winternächten an dem kleinen Tannenbaum vorbeigegangen und hat wohl ernst und geschäftig in sein erschrecklich großes Buch geguckt, aber auch nichts und gar nichts dazu gesagt. Der arme kleine Tannenbaum war eben nicht ordnungsgemäß vermerkt – und da ist er sehr, sehr traurig geworden und hat ganz schrecklich geweint, sodass es ordentlich tropfte von allen Zweigen.

Wenn jemand so weint, dass es tropft, so hört man das natürlich, und diesmal hörte das ein kleiner Wicht, der ein grünes Moosröcklein trug, einen grauen Bart und eine feuerrote Nase hatte und in einem dunklen Erdloch wohnte. Das Männchen aß Haselnüsse, am liebsten hohle, und las Bücher, am liebsten dicke, und war ein ganz boshaftes kleines Geschöpf.

Aber den Tannenbaum mochte es gern leiden, weil es oft von ihm ein paar grüne Nadeln geschenkt bekam für sein gläsernes Pfeifchen, aus dem es immer blaue ringelnde Rauchwolken in die goldene Sonne blies – und darum ist der Wicht auch gleich herausgekommen, als er den Tannenbaum so jämmerlich weinen hörte, und hat gefragt: »Warum weinst du denn so erschrecklich, dass es tropft?« Da hörte der kleine Tannenbaum etwas auf zu tropfen und erzählte dem Männchen sein Herzeleid. Der Wicht wurde ganz ernst und seine glühende Nase glühte so sehr, dass man befürchten konnte, dass Moosröcklein finge Feuer, aber es war ja nur die Begeisterung, und das ist nicht gefährlich. Der Wichtelmann war also begeistert davon, dass der kleine Tannenbaum im tiefen Tannenwalde so gerne ein Weihnachtsbaum sein wollte, und sagte bedächtig, indem er sich aufrichtete und ein paarmal bedeutsam schluckte:

»Mein lieber kleiner Tannenbaum, es ist zwar unmöglich, dir zu helfen, aber ich bin eben ich und mir ist es vielleicht doch nicht unmöglich, dir zu helfen. Ich bin nämlich mit einigen Wachslichtern, darunter mit einem ganz bunten, befreundet, und die will ich bitten, zu dir zu kommen. Auch kenne ich ein großes Pfefferkuchenherz, das allerdings nur flüchtig – aber jedenfalls will ich sehen, was sich machen lässt. Vor allen aber – weine nicht mehr so erschrecklich, dass es tropft.« Damit nahm der kleine Wicht einen Eiszapfen in die Hand als Spazierstock und wanderte los durch den tief verschneiten Wald, der fernen Stadt zu. Es dauerte sehr, sehr lange, und am Himmel schauten schon die ersten Sterne der Heiligen Nacht durchs winterliche Dämmergrau auf die Erde hinab, und der kleine Tannenbaum war schon wieder ganz traurig geworden und dachte, dass er nun doch wieder kein Weihnachtsbaum würde.

Aber da kam's auch schon ganz eilig und aufgeregt durch den Schnee gestapft, eine ganze kleine Gesellschaft: Der Wicht mit dem Eiszapfen in der

Hand und hinter ihm sieben Lichtlein – und auch eine Zündholzschachtel war dabei, auf der sogar was draufgedruckt war und die so kurze Beinchen hatte, dass sie nur mühsam durch den Schnee wackeln konnte. Wie sie nun alle vor dem kleinen Tannenbaum standen, da räusperte sich der kleine Wicht im Moosröcklein vernehmlich, schluckte ein paarmal ganz bedeutsam und sagte:
»Ich bin eben ich – und darum sind auch alle meine Bekannten mitgekommen. Es sind sieben Lichtlein aus allervornehmstem Wachs, darunter sogar ein buntes, und auch die Zündholzschachtel ist aus einer ganz besonders guten Familie, denn sie zündet nur an der braunen Reibefläche. Und jetzt wirst du also ein Weihnachtsbaum werden. Aber was das große Pfefferkuchenherz betrifft, das ich nur flüchtig kenne, so hat es auch versprochen zu kommen, es wollte sich nur noch ein Paar warme Filzschuhe kaufen, weil es gar so kalt ist draußen im Walde.
Eine Bedingung hat es freilich gemacht: Es muss gegessen werden, denn das müssen alle Pfefferku-

chenherzen, das ist nun mal so. Ich habe schon einen Dachs benachrichtigt, den ich sehr gut kennen und dem ich einmal in einer Familienangelegenheit einen guten Rat gegeben habe. Er liegt jetzt im Winterschlaf, doch versprach er, als ich ihn weckte, das Pfefferkuchenherz zu verspeisen. Hoffentlich verschläft er's nicht!«

Als das Männchen das alles gesagt hatte, räusperte es sich wieder vernehmlich und schluckte ein paarmal gar bedeutsam und dann verschwand es im Erdloch. Die Lichtlein aber sprangen auf den kleinen Tannenbaum hinauf und die Zündholzschachtel, die aus so guter Familie war, zog sich ein Zündholz nach dem anderen aus dem Magen, strich es an der braunen Reibfläche und steckte alle die Lichtlein der Reihe nach an. Und wie die Lichtlein brannten und leuchteten im tief verschneiten Walde, da ist auch noch keuchend und atemlos vom eiligen Laufen das Pfefferkuchenherz angekommen und hängte sich sehr freundlich und verbindlich mitten in den grünen Tannenbaum, trotzdem es nun doch die warmen

Filzschuhe unterwegs verloren hatte und arg erkältet war.

Der kleine Tannenbaum aber, der so gerne ein Weihnachtsbaum sein wollte, der wusste gar nicht, wie ihm geschah, dass er nun doch ein Weihnachtsbaum war.

Am anderen Morgen aber ist der Dachs aus seiner Höhle gekrochen, um sich das Pfefferkuchenherz zu holen. Und wie er ankam, da hatten es die kleinen Englein schon gegessen, die ja in der Heiligen Nacht auf die Erde dürfen und die so gerne die Pfefferkuchenherzen speisen. Da ist der Dachs sehr böse geworden und hat sich bitter beklagt und ganz furchtbar auf den kleinen Tannenbaum geschimpft.

Dem aber war das ganz einerlei, denn wer einmal in seinem Leben seine heilige Weihnacht gefeiert hat, den stört auch der frechste Frechdachs nicht mehr.

Manfred Kyber

17. Dezember

Weihnachtsbrief an Oma

»Jenny, vergesst nicht, den Brief an Oma zu schreiben!«, ruft die Mutter, während sie den Mantel anzieht.

»Was sollen wir denn schreiben?«, fragt Jenny.

»Na, dass ihr euch freut, dass sie zu Weihnachten kommt und so weiter.«

»Ich schreibe nie Briefe. Höchstens Postkarten«, murmelt Jonas.

»Ich kann doch nicht schreiben«, mault Felix.

»Dann malst du eben was«, sagt die Mutter. »Euch wird schon etwas einfallen!« Sie greift nach dem langen Einkaufszettel und schiebt ihn in die Manteltasche. Klapp! Schon fällt die Tür hinter ihr ins Schloss.

Die Mutter hat recht. Jonas, Jenny und Felix fällt eine ganze Menge ein! Sie spielen U-Boot unterm Tisch. Sie springen vom Sofa ins Meer. Sie binden ein Tischtuch an den Schrubber und bauen ein Segel. Dann klingelt es. Es sind Peter und Kitty, die Nachbarskinder. Sie kommen gerade im richtigen Moment: Jonas, Jenny und Felix brauchen dringend Ruderer für die Rettungsboote. Kurz darauf verkleiden sich alle als Piraten. Bald tobt im Bad eine gefährliche Wasserschlacht. Felix heult, weil Kitty gemeinerweise mit Seifenwasser spritzt. Er möchte lieber Cowboy und Indianer spielen. Das ist wenigstens ein trockenes Spiel. Wasti, der Rauhaardackel, ist das wilde Pony, das mit dem Lasso eingefangen werden muss. Als das wilde Pony unterm Sofa liegt und nicht mehr hervor zu bewegen ist, fällt Jenny wieder der Brief an Oma ein.

Da ist es schon halb vier.

»Was schreiben wir bloß?«, jammert Jenny und kaut an ihrem Bleistift.

Felix lässt auf der großen Wasserlache im Bad

Papierschiffchen schwimmen und sagt gar nichts.
»Fang mit dem Datum an!«, rät Peter.
Jonas schreibt das Datum und gibt den Brief an Jenny weiter.
»Ich fange den Brief an meine Oma immer so an«, sagt Kitty:
»Liebe Oma, wie geht es dir? Mir geht es gut. Vielen Dank für deinen letzten Brief.«
»Das ist doof. Unsere Oma hat so lange nicht geschrieben«, sagt Jenny.
»Dann schreib, dass es schneit!«, meint Kitty.
Jenny schreibt, dass es schneit und dass sie sich freut, wenn Oma an Weihnachten kommt.
»Sind schon sechs Zeilen!«, sagt Peter bewundernd.
Da kommt Felix aus dem nassen Badezimmer angepatscht.
»Jetzt komm ich dran«, sagt er und grapscht nach dem Bleistift. Er kritzelt drauflos.
»Mal nicht in meine Zeilen!«, warnt Jenny.
»Das kann doch kein Mensch lesen!«, meint Peter.
»Kann Oma wohl lesen. Oma kann immer lesen,

was ich schreib«, sagt Felix. Er malt einen Tannenbaum und ein Auto, das wie ein Frosch aussieht. Dann schiebt er Jenny den Bogen wieder hin.

»Die Seite ist erst halb voll«, sagt Jenny.

»Macht doch nichts. Ihr müsst bloß noch ‚Viele Grüße' und eine große Unterschrift schreiben«, schlägt Kitty vor.

Jonas schreibt: »VIELE GRÜSSE, DEIN JONAS.«

Dann unterschreibt auch Jenny und sagt: »Bestimmt kommt Mama gleich. Ich geh schnell ins Bad und wisch die Pfütze auf.«

Als Felix unterschrieben hat, ist die Seite immer noch nicht voll. Eine volle Seite sollte man Oma schon schreiben, findet Jenny. Das hat sie verdient. Oma freut sich immer so über Post. Kitty und Peter wollen auch unterschreiben. Das füllt die Seite.

»Meinetwegen«, sagt Jonas. Aber Jenny hat etwas dagegen: »Nein, das ist unsere Oma. Ihr gehört doch nicht zur Familie!«

Plötzlich hat Jonas eine verrückte Idee: Wasti soll noch unterschreiben. Der gehört schließlich zur Familie, oder nicht?«

»Euer Hund kann doch nicht schreiben!«, sagt Peter.
»Du wirst dich wundern!«, sagt Jonas.
Mit einem Hundekuchen gelingt es ihm, Wasti unter dem Sofa hervorzulocken.
»Wasti kann nicht mal malen!«, brummt Felix.
»Denkste. Er kann einen Pfotenabdruck machen. Den kann Oma genauso lesen wie dein Gekritzel!«, behauptet Jonas und holt geschäftig das Glas mit der roten Fingerfarbe. Er kleckst etwas davon auf einen Kaffeeteller und vermischt es mit Wasser. Mit List und drei Hundekuchen gelingt es ihm, Wastis rechte Vorderpfote in den Kaffeeteller zu stippen und auf den Briefbogen zu drücken. Es klappt! Das Papier ist voll. Es sieht sehr hübsch aus.
»Ich will auch einen Pfotenabdruck machen!«, sagt Felix und patscht mit der Hand in den Teller.
»Vorsicht! Du verdirbst sonst alles!«, ruft Jonas erschrocken und dreht das Blatt um. »Mach ihn auf die Rückseite.«
Es klingelt. Jonas läuft zur Tür.
»Mama!«, ruft Felix.

Wasti reißt sich los, um die Mutter zu begrüßen. Er springt an ihrem hellen Wintermantel hoch. Der bekommt rote Tapser. Genau wie der Teppichboden. Felix stützt sich beim Aufstehen mit der feuchten roten Hand an der Tapete ab und sagt stolz: »Gerade sind wir fertig mit dem Brief. Und alles ist ganz voll!«

»Das sehe ich!«, stöhnt Mama und sinkt auf einen Stuhl.

»Könnt ihr mir das erklären?«

Wortlos starrt sie auf die leuchtend rote Spur, die von der Haustür den Flur entlang bis ins Schlafzimmer führt. An der Schlafzimmertür taucht jetzt Wasti auf. Er hat zur Begrüßung Papas Pantoffel geholt. Das macht er immer, wenn jemand heimkommt. Jetzt leuchtet im Flur eine rote Doppelspur.

An ihrem Ende steht Wasti. Er hat den Pantoffel in der Schnauze, wedelt mit dem Schwanz und sieht die Mutter erwartungsvoll an. Doch keiner lobt ihn. Er versteht die ganze Aufregung nicht. Und die Mutter versteht auch nicht, wie das alles gekommen ist. Deshalb hat ihr Jenny endlich alles erklärt.

Übrigens: Die Oma hat sich über den Brief sehr gefreut. Das hat sie an Weihnachten allen erzählt.

Ursel Scheffler

18. Dezember

Christkindl-Ahnung im Advent

Erleben eigentlich Stadtkinder Weihnachtsfreuden? Erlebt man sie heute noch? Ich will es allen wünschen, aber ich kann es nicht glauben, dass das Fest in der Stadt mit ihren Straßen und engen Gassen das sein kann, was es uns Kindern im Walde gewesen ist. Der erste Schnee erregte schon liebliche Ahnungen, die bald verstärkt wurden, wenn es im Haus nach Pfeffernüssen, Makronen und Kaffeekuchen zu riechen begann, wenn am langen Tische der Herr Oberförster und seine Jäger mit den Marzipanmodeln ganz zahme, häusliche Dinge verrichteten, wenn an den langen Abenden sich das wohlige Gefühl der

Zusammengehörigkeit auf dieser Insel, die Tag und Tag stiller wurde, verbreitete.

In der Stadt kam das Christkind nur einmal, aber in der Riss wurde es schon Wochen vorher im Walde gesehen, bald kam der, bald jener Jagdgehilfe mit der Meldung herein, dass er es auf der Jachenauer Seite oder hinter Ochsensitzer habe fliegen sehen. In klaren Nächten musste man bloß vor die Türe gehen, dann hörte man vom Walde herüber ein feines Klingeln und sah in den Büschen ein Licht aufblitzen. Da röteten sich die Backen vor Aufregung, und die Augen blitzten vor freudiger Erwartung.

Je näher aber der Heilige Abend kam, desto näher kam auch das Christkind ans Haus, ein Licht huschte an den Fenstern des Schlafzimmers vorüber, und es klang wie von leise gerüttelten Schlittenschellen. Da setzten wir uns in den Betten auf und schauten sehnsüchtig ins Dunkel hinaus; die großen Kinder aber, die unten standen und auf einer Stange Lichter befestigt hatten, der Jagdgehilfe Bauer und sein Oberförster freuten sich kaum weniger.

Es gab natürlich in den kleinen Verhältnissen kein Übermaß an Geschenken, aber was gegeben wurde, war mit aufmerksamer Beachtung eines Wunsches gewählt und erregte Freude. Als meine Mutter an einem Morgen nach der Bescherung ins Zimmer trat, wo der Christbaum stand, sah sie mich stolz mit meinem Säbel herumspazieren, aber ebenso froh bewegt schritt mein Vater im Hemde auf und ab und hatte den neuen Werderstutzen umgehängt, den ihm das Christkind gebracht hatte. Wenn der Weg offen war, fuhren meine Eltern nach den Feiertagen auf kurze Zeit zu den Verwandten nach Ammergau. Ich mag an die fünf Jahre gewesen sein, als ich zum ersten Male mitkommen durfte, und wie der Schlitten die Höhe oberhalb Wallgau erreichte, von wo aus sich der Blick auf das Dorf öffnete, war ich außer mir vor Erstaunen über die vielen Häuser, die Dach an Dach nebeneinanderstanden. Für mich hatte es bis dahin bloß drei Häuser in der Welt gegeben.

Ludwig Thoma

19. Dezember

Der riesengroße Schneemann

Kurz vor Weihnachten entdeckten Hans und Liese im Schaufenster des Spielzeugladens von Fräulein Holzapfel am Karolinenplatz eine bildhübsche Puppe mit echten Haaren und Schlafaugen und ein wunderschönes Segelschiff. Sie waren so begeistert davon, dass sie sofort nach Hause rannten und einen neuen Wunschzettel für das Christkind schrieben, mit folgendem Text:

»Die Puppenküche und die Eisenbahn, die wir uns gewünscht haben, wollen wir nicht mehr haben. Wir möchten lieber die Puppe und das Segelschiff aus dem Schaufenster von Fräulein Holzapfel!«

Sie legten den Wunschzettel genau wie den ersten

aufs Fenstersims und beschwerten ihn mit einem Stein, damit der Wind ihn nicht wegblasen konnte. Am nächsten Tag fiel ihnen dann etwas Schreckliches ein. Möglicherweise verkaufte Fräulein Holzapfel die Puppe und das Segelschiff schon heute oder morgen an andere Leute, und wenn das Christkind zu ihr zum Einkaufen kam, waren nur noch andere Spielsachen zu haben?!

Zehn Minuten später standen sie heftig schnaufend vor Fräulein Holzapfel im Spielzeugladen.

»Wir möchten Sie fragen, ob Sie nicht die Puppe und das Segelschiff für das Christkind zurücklegen wollen!«, sagte Liese. »Wir haben die Sachen nämlich auf unseren Wunschzettel geschrieben!«

»Ach!«, seufzte Fräulein Holzapfel. »Ich fürchte, das Christkind kommt in diesem Jahr überhaupt nicht zu mir zum Einkaufen! Es kauft ja so gut wie niemand etwas bei mir. Alle Leute gehen in die großen Kaufhäuser in der Stadt!« Für Hans und Liese war das eine böse Überraschung. Mit langen Gesichtern verließen sie den Laden.

»Man müsste halt dafür sorgen, dass das Christkind hierherkommt!«, meinte Hans schließlich.
Liese nickte. »Ja, aber wie?« Ihr fiel nichts ein. Auch Hans fiel nichts ein. So gingen sie niedergeschlagen nach Hause.
In der folgenden Nacht träumte Liese dann von einem riesengroßen Schneemann; der spazierte durch die Stadt, und alle Leute drehten sich nach ihm um. Da wusste Liese nun am nächsten Morgen, wie man dafür sorgen konnte, dass das Christkind zu Fräulein Holzapfel kam. Schon vormittags machte sie sich mit Hans daran, vor dem Spielzeugladen einen Schneemann zu bauen.
Als der schließlich fertig dastand, war Liese nicht zufrieden mit ihm. Sie sagte: »Er ist viel zu klein, als dass das Christkind Lust kriegen könnte, ihn anzugucken! Er muss noch viel größer werden!«
Liese lieh sich deshalb von Fräulein Holzapfel einen Stuhl, damit sie an dem Schneemann höher hinaufreiche.
Eine Viertelstunde später kamen dann zufällig drei Anstreicherlehrlinge mit einer Leiter vorbei.

Als die hörten, um was es ging, halfen sie sofort tüchtig mit. Da war der Schneemann schon bald vier Meter hoch. Doch in Lieses Augen war er immer noch zu klein.

»Er muss noch größer werden!«, sagte sie.

Mittlerweile hatten sich auch eine Schar Buben und einige Männer eingefunden und halfen mit, den großen Schneemann zu bauen. Einer von den Männern war mit dem Hauptmann der städtischen Feuerwehr befreundet; mit dem telefonierte er jetzt vom nächsten Telefonhäuschen aus.

Da kam wenig später mit lautem »Tatütata!« ein großes rotes Feuerwehrauto angesaust. Die Feuerwehrmänner fuhren die lange, lange Leiter aus und halfen nun ebenfalls beim Bau des Schneemanns mit. Da stand zwei Stunden später vor dem Schaufenster von Fräulein Holzapfel ein wunderschöner Schneemann; er war fast zehn Meter hoch. Er trug als Hut eine umgestülpte Waschbütte auf dem Kopf, als Augen hatte er zwei Briketts und als Nase hatte er eine große

Zuckerrübe im Gesicht. Einen so riesengroßen, herrlichen Schneemann hatte man bis dahin noch nie in der Stadt gesehen.

Im Nu war der Karolinenplatz schwarz vor lauter Menschen, die sich dieses Werk anguckten.

Und jeden Tag kamen andere Leute und sahen sich den Schneemann an. Und weil sie nun schon einmal da waren, gingen viele in den Spielzeugladen von Fräulein Holzapfel hinein und kauften Weihnachtsgeschenke.

Offensichtlich ließ sich auch das Christkind von dem riesengroßen Schneemann anlocken und kaufte bei Fräulein Holzapfel ein. Am Heiligen Abend war der Spielzeugladen jedenfalls restlos ausverkauft! Alle Regale waren leer!

Hans und Liese aber fanden an diesem Heiligen Abend unterm Weihnachtsbaum nicht nur die gewünschte Puppe und das Segelschiff, sondern auch die Puppenküche und die Eisenbahn, die sie auf den ersten Wunschzettel geschrieben hatten.

Da waren sie ganz fassungslos; sie dachten sich: »So brav, dass wir das verdient hätten, sind wir ja nun wirklich nicht gewesen!« Dass ihnen nicht das Christkind, sondern Fräulein Holzapfel die Puppe und das Segelschiff geschenkt hatte, aus Dankbarkeit für ihre Hilfe, haben Hans und Liese nie erfahren. Bis heute nicht.

Autor unbekannt

20. Dezember

Schuster Konrad erwartet den lieben Gott

An diesem Morgen war Konrad, der Schuster, schon sehr früh aufgestanden, hatte seine Werkstatt aufgeräumt, den Ofen angezündet und den Tisch gedeckt. Heute wollte er nicht arbeiten, denn er erwartete einen hohen Gast. Den höchsten, den man sich denken kann. Er erwartete Gott selbst. In der vorigen Nacht hatte Gott ihn im Traum wissen lassen, dass er ihn besuchen werde.

Nun saß Konrad also in der warmen Stube und wartete. Sein Herz war voller Freude. Da hörte er draußen Schritte, und schon klopfte es an der Tür. Da ist er, dachte Konrad, sprang auf und riss die Tür auf. Aber es war nur der Briefträger, der von der Kälte ganz blau gefrorene Finger hatte und sehnsüchtig nach dem heißen Tee auf dem Ofen schielte. Konrad ließ ihn herein, gab ihm eine Tasse Tee und ließ ihn sich aufwärmen. »Danke«, sagte der Briefträger, »das hat mir gutgetan«, und er stampfte wieder in die Kälte hinaus.

Sobald er das Haus verlassen hatte, räumte Konrad schnell das Geschirr ab und stellte saubere Tassen auf den Tisch. Dann setzte er sich wieder ans Fenster und wartete. Es wurde Mittag, aber von Gott war nichts zu sehen.

Plötzlich erblickte er einen kleinen Jungen, und als er genauer hinsah, bemerkte er, dass dem Kleinen die Tränen über die Wangen liefen. Konrad rief ihn zu sich. Das Kind hatte im Gedränge der Stadt seine Mutter verloren und fand nicht mehr nach Hause zurück. Konrad legte einen Zettel auf den Tisch und schrieb darauf: »Bitte, warte auf mich. Ich bin gleich zurück!« Er ließ seine Türe einen Spalt offen, nahm den Jungen an der Hand und brachte ihn heim.

Aber der Weg war weiter, als er gedacht hatte,

und so kam er erst heim, als es schon dunkelte. Als er von Ferne sah, dass jemand in seinem Zimmer am Fenster stand, erschrak er sehr. Aber dann klopfte sein Herz vor Freude. Nun war Gott doch zu ihm gekommen.

Doch dann erkannte er die Frau. Sie wohnte oben im gleichen Haus. Seit ihr Mann verunglückt war, lebte sie allein mit ihrem Jungen. Sie sah müde und traurig aus. Konrad erfuhr, dass sie drei Nächte lang nicht mehr geschlafen hatte, weil ihr kleiner Sohn Petja so krank war. Er lag still da, und das Fieber stieg immer höher. Die Frau tat Konrad leid. Und so ging er mit. Gemeinsam wickelten sie Petja in feuchte Tücher. Konrad blieb am Bett des kranken Kindes, während die Frau sich ein wenig ausruhte.

Als er endlich wieder in seine Stube zurückkehrte, war es weit nach Mitternacht. Müde und enttäuscht legte sich Konrad schlafen. Der Tag war vorüber. Gott war nicht gekommen. Plötzlich hörte er eine Stimme. »Danke«, sagte die Stimme, »danke, dass ich mich bei dir aufwärmen durfte – danke, dass du mir den Weg nach Hause gezeigt hast – danke für den Trost und die Hilfe, die du mir gegeben hast. – Ich danke dir, Konrad, dass ich heute bei dir sein durfte.«

Legende aus Russland

21. Dezember

Der Ritt nach Bethlehem

Der kleine Wanderzirkus hat draußen vor der Stadt sein Winterquartier aufgeschlagen. Es war ein regnerischer Sommer gewesen, und die Einnahmen in der Zirkuskasse haben gerade zum Überleben gereicht. Dann wurde auch noch das Kamel krank, und die Tierarztrechnung musste bezahlt werden.

Und jetzt hat der Zirkusdirektor Grippe. Kein Wunder: Im Wohnwagen ist es dunkel, kalt und ungemütlich, weil vor ein paar Tagen der Strom abgestellt wurde. Nur drei Artisten sind noch da: der Tierpfleger, der auch die Dressurnummern macht, der Jongleur und der Clown. Alle anderen sind weggelaufen, um nach einem besseren Job zu suchen. Der Jongleur ist für die Kasse zuständig, aber da ist nichts mehr zum Jonglieren drin. Und der Clown für die gute Laune. Aber die ist auch weg. Genauso wie Annabelle, die Seiltänzerin, die so gut kochen konnte.

»Ich geh in die Stadt, Chef«, sagt Boho, der Clown, an diesem Morgen entschlossen. »Und ich nehm den Esel mit.«
»Du willst doch nicht etwa – betteln, Boho.« Oje, wie weit ist es mit uns gekommen!«, jammert der Zirkusdirektor matt.
»Ich werde mir was einfallen lassen«, sagt der Clown. »Schließlich brauchen wir Futter für die Tiere!« Und dann striegelt er den Esel und legt ihm das beste Zaumzeug an. Er holt seinen Geigenkasten, schlingt einen dicken grauen Schal um den Hals, setzt eine rote Pudelmütze auf und zieht los.
»Bist du der Nikolaus?«, fragt ein Junge in der Vorstadt, als Boho mit dem Esel durch die Straße läuft.
»Leider nein«, seufzt der Clown. »Außerdem hab ich leere Taschen und nichts zu verschenken!«
Und dann setzt er seine Pappnase auf, damit man

ihn nicht noch mal mit dem Nikolaus verwechselt. Boho weiß selbst noch nicht genau, wie er es anstellen wird, damit die Leute auf ihn und die Not im Zirkus aufmerksam werden. Aber etwas muss passieren. Der Zirkus muss schließlich über den Winter kommen. Aber einfach betteln? Nein, das will er nicht.

Als Boho zum Weihnachtsmarkt kommt, hält dort gerade die alte Postkutsche. Mit der können die Besucher des Marktes eine Runde durch die festlich geschmückten Gassen der Altstadt fahren. Viele Leute steigen ein. Da hat Boho plötzlich die Idee, auf die er gewartet hat. Er besorgt sich ein Stück Pappkarton und schreibt darauf:

Ritt nach Bethlehem auf einem echten Esel,
wie Maria und Josef.
Für Kinder bis 12 Jahre

Er packt seine kleine Geige aus und spielt so lange, bis die Leute stehen bleiben. Dann erzählt er von dem kleinen Zirkus und dass er mit seinem Esel in die Stadt gekommen ist, um Geld für das Futter zu verdienen.

»Wer will reiten?«, fragt er.

Ein kleines Mädchen traut sich zuerst. Dann wollen die anderen auch. Immer wieder führt Boho den kleinen Esel von der Kirchentreppe einmal rund um den Markt bis zur Krippe, die auf der anderen Seite des Marktes aufgebaut ist.

»Ein Ritt nach Bethlehem? Eine nette Idee!«, findet auch der Pfarrer und fragt, ob er den Esel für das Krippenspiel engagieren kann.

Ein Rundfunkreporter wird auf Boho und seinen Esel aufmerksam. Er hält Boho das Mikrofon unter die Pappnase und sagt: »In unserer Sendung ‚Herzenssache' möchten wir mithilfe unserer Zuhörer jeden Tag einen besonderen Weihnachtswunsch erfüllen. Haben Sie einen?«

Da muss Boho nicht lange überlegen. »Wir brauchen dringend einen Platz, wo wir den Winter verbringen können, ohne zu stören und zu frieren – und Futter für unsere Tiere«, sagt er.

»Mal hören, was wir tun können!«, sagt der Reporter. »Wir sind live auf Sendung! Also, liebe Zuhörer, jetzt sind Sie gefordert. Wer hat eine Idee? Bitte rufen Sie an!«

Eine halbe Stunde später, als Boho gerade zwei kleine Jungen auf seinen Esel hebt, kommt der Reporter zu ihm und sagt:

»Ich hab gute Nachrichten für Sie. Ein Bauer, der aus Altersgründen alle seine Tiere verkauft hat, bietet seine Scheune an – und Heu für die Tiere obendrein.«

»Das glaub ich nicht!«, ruft Boho verblüfft.

»Sprechen Sie selbst mit ihm. Hier ist mein Handy!«

Und dann hört es Boho mit eigenen Ohren. Am anderen Ende der Leitung ist jemand, der ihm und seinem Zirkus allen Ernstes helfen will.

»Und wenn Sie mir ein bisschen bei der Hausarbeit zur Hand gehen, dann füttere ich nicht nur die Tiere durch, sondern auch die Menschen«, sagt der alte Bauer. Sein Lachen klingt nett.

»Das muss ich sofort den anderen erzählen!«, ruft Boho aufgeregt.

Er spielt zum Dank für die Rundfunkhörer ein besonders schönes Lied auf seiner Geige. Zum Abschluss macht er einen übermütigen Flickflack.

»Was ist denn hier los?«, fragt der Fotoreporter, der gerade Fotos auf dem Weihnachtsmarkt gemacht hat.

»Ein Wunder ist passiert!«, schnauft der Clown und erzählt ihm die unglaubliche Geschichte. Und der Esel wiehert vergnügt. So, als hätte er alles verstanden.

»Mal sehen, vielleicht kann ich auch etwas für den Zirkus tun«, überlegt der Zeitungsreporter. »Soll ich unsere Leser zu den Vorstellungen an den Weihnachtsfeiertagen einladen?«

»Das – das wäre großartig!«, ruft der Clown Boho begeistert.

»Kommst du morgen wieder?«, fragen die Kinder, die reiten möchten.

»Gern!« verspricht Boho. »Aber jetzt muss ich zurück zum Zirkus. Ganz schnell!«

Ursel Scheffler

22. Dezember

Der Wunschzettel

Kurz vor dem Fest, sinnigerweise am Tag des ungläubigen Thomas, musste der Wunschzettel für das Christkind geschrieben werden, ohne Kleckse und Fehler, versteht sich, und mit Farben sauber ausgemalt. Zuoberst verzeichnete ich anstandshalber, was ja ohnehin von selber eintraf, die Pudelhaube oder jene Art von Wollstrümpfen, die so entsetzlich bissen, als ob sie mit Ameisen gefüllt wären. Darunter aber schrieb ich Jahr für Jahr mit hoffnungsloser Geduld den kühnsten meiner Träume, den Anker-Steinbaukasten, ein Wunderwerk nach allem, was ich davon gehört hatte. Ich glaube ja heute noch, dass sogar die Architekten der Jahrhundertwende ihre Eingebungen von dorther bezogen haben.

Aber ich selber bekam ihn ja nie, wahrscheinlich wegen der ungemein sorgfältigen Buchhaltung im Himmel, die alles genau verzeichnete, gestohlene Zuckerstücke und zerbrochene Fensterscheiben und ähnliche Missetaten, die sich durch ein paar Tage auffälliger Frömmigkeit vor Weihnachten auch nicht mehr abgelten ließen.

Wenn mein Wunschzettel endlich fertig vor dem Fenster lag, musste ich aus brüderlicher Liebe auch noch den für meine Schwester schreiben. Ungemein zungenfertig plapperte sie von einer Schlafpuppe, einem Kramladen – lauter albernes Zeug. Da und dort schrieb ich wohl ein heimliches »Muss nicht sein« dazu, aber vergeblich. Am Heiligen Abend konnte sie doch eine Menge von Früchten ihrer Unverschämtheit ernten.

Der Vater, als Haupt und Ernährer unserer Familie, brauchte natürlich keinen Wunschzettel zu liefern. Für ihn dachte sich die Mutter in jedem Jahr etwas Besonderes aus. Ich erinnere mich noch an ein Sitzkissen, das sie ihm einmal bescherte, ein Wunderwerk aus bemaltem Samt, mit einer Goldschnur eingefasst. Er bestaunte es auch sehr und lobte es überschwänglich, aber eine Weile später schob er es doch heimlich wieder zur Seite. Offenbar wagte es nicht einmal er, auf einem röhrenden Hirschen zu sitzen, mitten im Hochgebirge.

Für uns Kinder war es hergebracht, dass wir nichts schenken durften, was wir nicht selber gemacht hatten. Meine Schwester konnte sich leicht helfen, sie war ja immerhin ein Frauenzimmer und verstand sich auf die Strickerei oder sonst eine von diesen hexenhaften Weiberkünsten, die mir zeitlebens unheimlich gewesen sind. Einmal nun dachte auch ich etwas Besonderes zu tun. Ich wollte den Nähsessel der Mutter mit Kufen versehen und einen Schaukelstuhl daraus machen, damit sie ein wenig Kurzweil hätte, wenn sie am Fenster sitzen und meine Hosen flicken musste. Heimlich sägte ich also und hobelte in der Holzhütte, und es geriet mir alles vortrefflich. Auch

der Vater lobte die Arbeit und meinte, es sei eine großartige Sache, wenn es uns nur auch gelänge, die Mutter in diesen Stuhl hineinzulocken.
Aber aufgeräumt, wie sie am Heiligen Abend war, tat sie mir wirklich den Gefallen. Ich wiegte sie, sanft zuerst und allmählich ein bisschen schneller, und es gefiel ihr ausnehmend wohl. Niemand merkte jedenfalls, dass die Mutter immer stiller und blasser wurde, bis sie plötzlich ihre Schürze an den Mund presste – es war durchaus kein Gelächter, was sie damit ersticken musste. Lieber, sagte sie hinterher, weit lieber wollte sie auf einem wilden Kamel durch die Wüste Sahara reiten, als noch einmal in diesem Stuhl zu sitzen kommen! Und tatsächlich, noch auf dem Weg zur Mette hatte sie einen glasigen Blick, etwas seltsam Wiegendes in ihrem Schritt.

Heinrich Waggerl

23. Dezember

Morgen, Kinder, wird's was geben

Text: Philipp von Bartsch (1770–1833)
Melodie: Carl Gottlieb Hering (1766–1853)
nach einer Berliner Volksweise

Morgen, Kinder, wird's was geben,
morgen werden wir uns freun.
Welch ein Jubel, welch ein Leben
wird in unserm Hause sein!
Einmal werden wir noch wach,
heißa, dann ist Weihnachtstag!

Wie wird dann die Stube glänzen
von der großen Lichterzahl,
schöner als bei frohen Tänzen
ein geputzter Kronensaal!
Wisst ihr noch vom vor'gen Jahr,
wie's am Heil'gen Abend war?

Wisst ihr noch die Spiele, Bücher
und das schöne Schaukelpferd?
Schöne Kleider, woll'ne Tücher,
Puppenstube, Puppenherd?
Morgen strahlt der Kerzen Schein,
morgen werden wir uns freun.

Wisst ihr noch mein Räderpferdchen,
Malchens nette Schäferin?
Jettchens Küche mit dem Herdchen
und dem blank geputzten Zinn?
Heinrichs bunten Harlekin
mit der gelben Violin?

Wisst ihr noch den großen Wagen
und die schöne Jagd von Blei?
Unsre Kleiderchen zum Tragen
und die viele Näscherei?
Meinen fleiß'gen Sägemann
mit der Kugel unten dran?

Welch ein schöner Tag ist morgen!
Neue Freuden hoffen wir.
Unsre guten Eltern sorgen
lange, lange schon dafür.
O gewiss, wer sie nicht ehrt,
ist der ganzen Lust nicht wert.

Nicht nur Geschenke wird es geben

Das Lied soll 1795 in dem Buch »Lieder zur Bildung des Herzens« von Karl Friedrich Splittergarb veröffentlicht worden sein. Der Text geht auf ein älteres Lied »Morgen, morgen wird`s was geben« zurück. Es wurde wiederholt vertont, so 1783 von

Johann Philipp Kirnberger und 1787 von Johann Friedrich Reichardt, Friedrichs II. von Preußen Hofkapellmeister für zwei Jahre, und 1809 von Carl Gottlieb Hering. Das Lied gehört also in die Epoche der Aufklärung (ca. 1750–1800). Den Regierenden war es nicht gleichgültig, was »das Volk« sang. Sie wussten, das bestimmt sein Sinnen und Trachten, sein Denken und Handeln, seinen Glauben und seine Moral. Im Gewissen gebundene Menschen lassen sich am leichtesten regieren. Sie sind staatstreu, zuverlässig und einsatzbereit. Vom Inhalt des christlichen oder eines anderen Glaubens hielten die »Aufklärer« selber nicht viel. Das merkt man auch diesem Lied an. Die Geburt Jesu wird nicht erwähnt. Die Kinder sollen sich an die Bescherung des vorhergehenden Weihnachtsfestes erinnern und sich im Voraus auf die Bescherung freuen. Sie sollen sich in Gedanken an die festlich geschmückte Stube, an die zahlreichen Geschenke und an den Lichterglanz auf Weihnachten vorbereiten. Auch das für kleine Kinder Märchenhafte des Christkindes, das über Nacht die Geschenke bringt und dessen Glanz man noch zu spüren meint, bleibt unerwähnt. Die guten Eltern sind es, die für alles gesorgt und alles besorgt haben. Ihnen gebührt der Dank und die Ehre am Christfest. Wer das allerdings übersieht, ist »der Lust nicht wert«!

In die Sentimentalität bürgerlicher Weihnacht derer, die viel schenken konnten, passt dieses Lied, auch andere wie »O Tannenbaum, o Tannenbaum, wie grün sind deine Blätter« (1824) und »Am Weihnachtsbaume die Lichter brennen« (1841). Doch auch auf den Lichterbaum wird in diesem Lied kein Bezug genommen, nur auf die Lichtfülle im Haus. Bienenwachskerzen konnten sich nur die finanziell Bessergestellten erlauben. Für die breite Masse der Minderbemittelten, oft sogar Hungernden waren höchstens Stearinkerzen erschwinglich. Aber die gab es noch nicht. Stearin wurde 1818 als Rohstoff für Kerzen entdeckt. Es brauchte Jahre, bis preiswerte Kerzen hergestellt und auf den Markt gebracht werden konnten.

Lieder wie »Morgen, Kinder, wird's was geben«

waren nicht »aus« dem Volk gewachsen, sondern wurden in der Aufklärung volksliedähnlich »für« das Volk gemacht. Sie sollten das Volk zu Fleiß, Bescheidenheit, Redlichkeit, Hilfsbereitschaft, Moral, vor allem aber zur Staatstreue und zum Gehorsam gegenüber der Obrigkeit erziehen, z. B. »Üb immer Treu und Redlichkeit bis an dein kühles Grab«. Bei denen, die noch auf Glauben angesprochen werden konnten, waren diese Tugenden schon durch die Gottesfurcht garantiert. Da genügte die Ermahnung »und weiche keinen Fingerbreit von Gottes Wegen ab«. Der volkspädagogische Wert des Liedes »Morgen, Kinder, wird's was geben« beschränkt sich auf den Dank und Gehorsam gegenüber den Eltern.

Der Staat wollte mit den von ihm geförderten Liedern die »bisherigen unsittlichen Volksgesänge verdrängen« und dafür sorgen, dass »auf dem Lande mehr gesungen« wird. So stand es im Vorwort des »Mildheimischen Liederbuches« (1799 von R. Z. Becker herausgegeben) zu lesen. »Mildheim« war ein Fantasiename, diesen Ort gab es nicht. Das

Liederbuch hatte den Untertitel: »518 lustige und ernsthafte Gesänge über alle Dinge der Welt und alle Umstände des Lebens, die man besingen kann, gesammelt für Freunde erlaubter Fröhlichkeit und echter Tugend, die den Kopf nicht hängt«. Dass diese für das Volk geschaffenen Lieder gut ankamen, darauf hatten die Regierenden und deren Beauftragte gehofft, aber nicht gerechnet. Das Mildheimische Liederbuch war zu Beginn des 19. Jahrhunderts das am meisten verbreitete Liederbuch. Es war so beliebt, dass die Zahl der Lieder von 518 in der 1. Auflage 1790 auf 801 Lieder in der 8. Auflage 1838 anstieg.

Noch im 19. Jahrhundert zensierte der Staat die Liederbücher. Er bestimmte, welche Lieder in Schul-, Soldaten-, Studenten- und anderen Liederbüchern gedruckt wurden. Es ließ die Zusammensetzung und das Liedgut der Männergesangsvereine durch die Polizei kontrollieren. Zur Kaiserzeit konnte sich kaum einer den Vaterlandsliedern entziehen. Die Verfasser »staatsgefährdender« Lieder wurde des Landes verwiesen, so zum Beispiel

August Heinrich Hoffman von Fallersleben. Wegen seiner politisch satirischen Gedichte und weil er mit Fritz Reuter »Fürsten zum Land hinaus« gesungen hatte, wurde ihm 1842 die Professur für deutsche Philologie an der Universität Breslau entzogen und er wurde des Landes verwiesen. Er kehrte erst 1848 zurück. Nach der Auflösung der Deutschen Nationalversammlung 1849 wurden die Zensur und Kontrolle noch verschärft, beispielsweise in einer Verordnung des preußischen Innenministers von 1851. Politisch- und sozialkritische Lieder wurden unterdrückt. Volkslieder wurden zum Spiegel einer Zeit.

Erich Kästner verfasste 1927 ein Lied mit dem Titel »Weihnachtslied, chemisch gereinigt«. Es war eine Parodie auf das Weihnachtslied »Morgen, Kinder wird's was geben«, eine Satire auf die Sentimentalität der bürgerlichen Weihnachtsfeier: »Morgen, Kinder, wird's nichts geben! Nur wer hat, kriegt noch geschenkt.« Er verkehrte dieses Lied in sein Gegenteil. Seine Sozialkritik hat sich tief eingekerbt: Arme Kinder bekommen keine Geschenke und sollen sich auch keine wünschen. Doch die Beliebtheit dieses Liedes konnte er nicht unterbinden, zumal nicht in der Zeit eines wachsenden Wohlstandes. Aber auf Geschenke beschränkt sich das Christfest keineswegs, erst recht nicht, wenn die Schere zwischen Arm und Reich wieder weiter auseinanderzuklaffen droht. Auch den Reichen wäre eine Sinnentleerung der Weihnacht sehr zum Schaden.

Friedrich Haarhaus

24. Dezember

Ein Glockenschlag

Was zog ich alles in dieser Heiligen Christnacht hervor aus dem Versteck, über welchem du deine Bücherhaufen aufgeschichtet hattest! Armer Oheim! Verstaubt, zerfallend Kinderspielzeug der verschiedensten Art – Puppen, kleine hölzerne Töpfchen und Schälchen, ein zerbrochenes Stühlchen und zuletzt einen dürren Weihnachtsbaum, an dessen Zweigen hier und da noch etwas Goldschaum haftete, auf dessen Spitze noch ein zerknitterter Stern von Silberpapier befestigt war.

Mit übereinandergeschlagenen Armen stand ich inmitten dieser totalen Freuden; der Rabe krächzte, die Lampe hatte allmählich ihr Öl verzehrt und war dem Verlöschen nahe ... ein Glockenschlag erweckte mich aus meinem stundenlangen Brüten – die Weihnachtsglocken von Finkenrode! Die Weihnachtsglocken meiner Kindheitszeit!
Ich fuhr mit der Hand über die Stirn und lauschte; unwiderstehlich zog es mich hinaus in die Heilige Nacht. Ich hatte den Mantel übergeworfen; ich fand mich in der Straße, ohne zu wissen wie. Alles still und dunkel! Kein Stern am Himmel – kein Lichtlein auf Erden! Glockenklang, Glockenklang der Heimat!
Ich schritt langsam durch die schweigenden, schneebedeckten Straßen, das Erwachen der Stadt erwartend. – Dort flammt ein Licht auf, dort wieder eins. Sie bewegen sich in den Häusern hin und her durch die Gemächer. Sieh da! Sieh da, ein Weihnachtsbaum im vollen Glanz! Haustüren öffnen sich hier und da, eine Gestalt, in einen Mantel gehüllt, streicht an mir vorüber. In immer

hellerm Glanz leuchtet das Städtlein Finkenrode. Ich folge dem Glockenklang durch die Gassen auf den Marktplatz – vor mir strahlt die Kirche des heiligen Martin mit ihren hohen, spitzen, erleuchteten Fenstern; die beiden Türme verlieren sich vollständig in dem Nebel und der Dunkelheit. Ich lehne mich an einen Pfeiler des weit geöffneten Portals und lausche. Hallen einmal einen Augenblick die Glocken über mir aus, so klingt leise, leise das Geläut eines fernen Walddorfes herüber. Noch ist die Kirche menschenleer, die Wände des heiligen Gebäudes entlang schimmern die Totenkränze im Glanz der Kronleuchter. Tannengezweig windet sich an den Pfeilern empor. –

Jetzt ist das christliche Volk erwacht und regt sich. Männer und Weiber schreiten durch die Gassen und über den Markt, auf die Kirchentüren zu, die Gesangbücher an die Brust gedrückt. Die Kinder führen ihre bunten Weihnachtspuppen mit sich, junge Mädchen entfalten strahlend den neuesten Putz. Zwischen den modernen Hüten und Hauben der Weiber schimmern hier und da die landesüblichen, seltsamen Kugelmützen von Gold- und Silberstoff, die Kopfbedeckungen der älteren Bürgersfrauen, hervor. Immer dichter werden die Scharen, die an mir vorüberziehen. Jeder Kirchgänger führt ein Wachslicht mit sich, welches an einer am Eingang der Kirche hängenden kleinen Lampe angezündet wird. Schon flammen Hunderte von Kerzen, schon braust die Orgel, der Gesang der Menge fällt ein – weit über die kleine Stadt hin, bis tief hinein in die stillen Berge, wo der Hirsch und der Fuchs verwundert aufhorchen, erklingt die Feier des Christmorgens.

Wilhelm Raabe

Quellenverzeichnis

Texte

Max Bolliger, Das Hirtenlied, aus: ders., Ein Duft von Weihrauch und Myrrhe © 2009 Verlag am Eschbach der Schwabenverlag AG, Eschbach/Markgräflerland

Peter Biqué, Die Fahrt über die Donau © Alle Rechte beim Autor.

Friedrich Haarhaus, „Es ist für uns eine Zeit angekommen", „Seht, die gute Zeit ist nah", „Morgen, Kinder, wird's was geben" © Alle Rechte beim Autor.

Dietrich Mendt, Von der Erfindung der Weihnachtsfreude © Evangelische Verlagsanstalt, Leipzig 2012 (2. Auflage)

Hans Orths, Die Woche des Advents. © Alle Rechte beim Autor.

Ursel Scheffler, „Der Ritt nach Betlehem" und „Weihnachtsbrief an Oma" © Alle Rechte bei der Autorin.

Luise Rinser, Engelmessen, aus: dies., Die gläsernen Ringe © S. Fischer Verlag, Berlin 1941. Alle Rechte vorbehalten S. Fischer Verlag GmbH, Frankfurt am Main

Kathrin Schrocke, „Ein ganz besonderer Adventskalender"; aus: 24 Geschichten für die Weihnachtszeit, hrsg. von Diana Steinbrede. Copyright © Boje Verlag in der Bastei Lübbe AG, Köln 2011

Doris Thomas, Bis zuletzt. Erschienen in: Weihnachtsbescherung. Kurze Geschichten. Ausgewählt von Dorette Winter. © Philipp Reclam jun. GmbH & Co. KG, Stuttgart.

Karl Heinrich Waggerl, Der Wunschzettel aus: ders., Die stillste Zeit im Jahr. Sämtliche Werke. Band II © Otto Müller Verlag, Salzburg 1981

Karl Heinrich Waggerl, Die stillste Zeit im Jahr, aus: ders., Sämtliche Weihnachtserzählungen © Otto Müller Verlag, Salzburg 2013

Illustrationen

Umschlag: © Franz Gabriel Walther, Innen: © Christine Krahl/Fotolia.

Wir danken allen Inhabern von Text- und Bildrechten für die Abdruckerlaubnis. Der Verlag hat sich bemüht, alle Rechteinhaber in Erfahrung zu bringen. Für zusätzliche Hinweise sind wir dankbar.